www.ingramcontent.com/pod-product-compliance
Lightning Source LLC
LaVergne TN
LVHW020441070526
838199LV00063B/4803
9789357179003

بالی ووڈ فنکاروں کے انٹرویو

مرتب:
مکرم نیاز

© Farha Sadia
Bollywood Stars Interviews
Edited by: Mukarram Niyaz
Edition: October '2022
Publisher: Farha Sadia, Hyderabad, India.
Printer: Taemeer Publications, Hyderabad.

ISBN 978-93-5717-900-3

مصنف یاناشر کی پیشگی اجازت کے بغیر اس کتاب کا کوئی بھی حصہ کسی بھی شکل میں بشمول ویب سائٹ پر اَپ لوڈنگ کے لیے استعمال نہ کیا جائے۔ نیز اس کتاب پر کسی بھی قسم کے تنازع کو نمٹانے کا اختیار صرف حیدرآباد (تلنگانہ) کی عدلیہ کو ہو گا۔

©فرح سعدیہ

کتاب	:	بالی ووڈ فنکاروں کے انٹرویو
مرتب	:	**مکرم نیاز**
ناشر	:	فرح سعدیہ (حیدرآباد، انڈیا)
صنف	:	عصری صحافت
تزئین / اہتمام	:	تعمیر ویب ڈیولپمنٹ، حیدرآباد
سالِ اشاعت (اول)	:	۲۰۲۲ء
تعداد	:	(پرنٹ آن ڈیمانڈ)
طابع	:	تعمیر پبلی کیشنز، حیدرآباد - ۲۴
صفحات	:	۱۳۶
سرورق ڈیزائن	:	مکرم نیاز

انتساب

ماہنامہ "شمع" کے نام
جس نے اردو فلمی صحافت کو عروج بخشنے میں
اپنا منفرد اور یادگار کردار نبھایا

سوانحی خاکہ

نام	:سید مکرم نیاز
والد	:سید رؤف خلش (مرحوم)
تاریخ پیدائش	: ۱۳؍ مئی ۱۹۶۸ء (حیدرآباد، تلنگانہ)
تعلیمی لیاقت	:بی۔ای، سول انجینئرنگ (عثمانیہ یونیورسٹی؍۱۹۸۹ء)
ملازمت	:اسسٹنٹ ایگزیکٹیو انجینئر (محکمہ عمارات وشوارع، حکومت تلنگانہ، حیدرآباد۔)
	ھامات العقاریہ، ریاض، سعودی عرب (۲۰۰۵ء تا ۲۰۱۶ء)
	دیگر ملازمتیں، ریاض، سعودی عرب (۱۹۹۵ء تا ۲۰۰۵ء)
تصانیف (شائع شدہ)	: (۱) راستے خاموش ہیں (افسانوں کا مجموعہ)
	(۲) حیدرآباد دکن: کچھ یادیں کچھ جھلکیاں (تعارفی ؍ تحقیقی مضامین)
	(۳) فلمی دنیا: قلمی جائزہ (تبصرے ؍ تجزیے)
انٹرنیٹ پر فروغ اردو	:* اردو کارٹون ویب سائٹ (اولین کارٹون کامکس اردو ویب سائٹ)
	[www.urdukidzcartoon.com]
	* تعمیر نیوز (علمی ادبی ثقافتی اردو ویب پورٹل)[www.taemeernews.com]
	* بالی ووڈ اردو فلمی نغمے[www.songsinurdu.blogspot.com]
رہائش	H.No. 16-8-544, New Malakpet, :
	Hyderabad, Telangana. – 500024
رابطہ	:ای-میل؛ taemeernews@gmail.com
	موبائل؛08096961731

فہرست

پیش لفظ	: مکرم نیاز	9
شمع میگزین - اب یادیں ہی باقی ہیں	: ڈاکٹر ابرار رحمانی	12
مشہور زمانہ شمع اردو میگزین کے عروج وزوال کی داستان	: ڈاکٹر اقبال حسن آزاد	18

انٹرویوز

(۱)	ناصر حسین	بالی ووڈ کا مایہ ناز فلمساز وہدایتکار	22
(۲)	سلطان احمد	راجستھان کے پس منظر والی فلموں کا مقبول ہدایتکار	33
(۳)	یش چوپڑہ	موسیقی جن کی فلموں کی خوبی بھی ہے اور خامی بھی	37
(۴)	گلزار	جن کی فلموں سے خون نہیں ٹپکتا	45
(۵)	دلیپ کمار	شہرت آدمی کی شخصیت کے لیے امتحان ثابت ہوتی ہے	52
(۶)	سنجیو کمار	بالی ووڈ فلم نگری کا ایک عظیم فنکار	59
(۷)	امیتابھ بچن	میری کامیابی والد کی نصیحتوں کی دین ہے	65
(۸)	شتروگھن سنہا	بالی ووڈ کا ایک بے باک اور منفرد اداکار	74
(۹)	ہیمامالنی	اداکارہ سے فلمساز وہدایتکار بننے کے فیصلے تک	83
(۱۰)	ڈمپل کپاڈیہ	عورت دھاندلی کیوں سہے	89
(۱۱)	رشی کپور	میری بیوی میری زندگی کا محور ہے	96
(۱۲)	سنی دیول	اداکار کو کامیابی کے لیے اپنے بہترین جوہر دکھانا ہوگا	105
(۱۳)	انیل کپور	آرٹ فلموں سے دوری بھلی	116
(۱۴)	عامر خاں	ایوارڈ کی دوڑ سے دور اپنے فن میں مشغول	124
(۱۵)	شاہ رخ خاں	ہم اداکار نہیں بازار ہیں	130

اردو کے فلمی جریدوں نے دنیائے فلم میں وہ مقام پیدا کیا جس پر اردو صحافت بجا طور پر ناز کر سکتی ہے۔ اردو کے فلمی جریدوں میں جو کچھ لکھا جاتا ہے اسے فلمی دنیا کے لوگ بھی پڑھتے ہیں محض ان جریدوں کے قارئین ہی نہیں۔ لاہور کے اردو فلمی رسالہ 'چترا' کے بعد ملک گیر شہرت اگر کسی جریدے کو ملی تو وہ دہلی کا ماہنامہ 'شمع' ہے۔

(من موہن تلخ، مضمون: 'اردو صحافت اور فلم'،
ماہنامہ 'آج کل' نئی دہلی، نومبر ر دسمبر ۱۹۸۳ء)

پیش لفظ

مکرم نیاز

فلمی تبصروں اور تجزیوں پر مبنی اپنی پچھلی کتاب "فلمی دنیا: فلمی جائزہ" کی اشاعت کے بعد، فلم ہی کے موضوع کے سہارے اسی نگارخانے کے فنکاروں کے انٹرویوز پر مشتمل یہ دوسری کتاب قارئین کی خدمت میں پیش ہے۔ یہ تمام انٹرویو مشہور و مقبول اور مرحوم رسالہ "شمع" (نئی دہلی) کے مختلف قدیم شماروں سے اخذ کرنے کے ساتھ راقم الحروف نے موزوں و مناسب تدوین کے بعد سوال وجواب کے مخصوص طریقے پر مرتب کیے ہیں۔

انٹرویو ترسیل کی ایک اہم صنف ہونے کے علاوہ عصری صحافت کی مقبول ترین اصناف میں سے ایک باور کیا جاتا ہے۔ آج بھی جبکہ میڈیا کی مختلف اصناف کے درمیان مابہ الامتیاز حدود دھندلے پڑ چکے ہیں، انٹرویو اپنی منفرد حیثیت کے ساتھ ساتھ اپنی روایتی خصوصیات کو بھی برقرار رکھتا ہے۔ انٹرویو انگریزی زبان کا لفظ ہے جس کے معنی ملاقات، گفتگو یا بات چیت کے ہیں۔ صحافتی اصطلاح میں اس سے مراد اخباری ملاقات یا ذرائع ابلاغ کے لیے باضابطہ ملاقات ہے۔ یہ معروف صحافتی اصطلاح پرنٹ، الکٹرانک، انٹرنیٹ و سوشل میڈیا کے لیے یکساں اہمیت کی حامل ہے۔ اردو میں ملاقات نگاری یا مصاحبہ کاری کے بجائے انگریزی لفظ "انٹرویو" ہی زیادہ مستعمل ہے اور یہ دیگر اصناف کی طرح موجودہ شکل میں مغرب ہی کی دین ہے۔

اردو کے فلمی رسالوں میں فلم کی کہانی کا خلاصہ، مشہور مکالموں کا چلن اور سوال وجواب کا سلسلہ لاہور سے جاری ہونے والے مشہور و مقبول ہفت روزہ رسالے "چترا" نے شروع کیا تھا،

جس کا قارئین بے صبری سے انتظار کرتے تھے اور اور بقول گرودت: "ہر منگل کے دن یہ رسالہ مجھے فلم سازوں کے ہاتھ میں نظر آتا ہے"۔ 'چترا' کے تربیت یافتہ جن شاعروں اور قلم کاروں نے فلمی دنیا رخ کیا اور کامیاب ہوئے، ان میں ساحر لدھیانوی، قتیل شفائی، سیف الدین سیف اور فلم ساز جے اوم پرکاش کے نام قابل ذکر ہیں۔ ملک گیر شہرت 'چترا' کے بعد کسی دوسرے رسالے کو میسر آئی تو وہ نئی دہلی کا ماہنامہ '**شمع**' رہا ہے جس کی اشاعت کا آغاز ۱۹۳۹ء میں ہوا۔ اس رسالے کے بانی یوسف دہلوی تھے، جنہوں نے 'شمع' کا، فلم کے ساتھ بلند ادبی معیار بھی قائم رکھا۔ کہا جاتا ہے کہ بڑے بڑے افسانہ نگار تمنا کرتے تھے کہ 'شمع' میں ان کی کہانی شائع ہو جائے۔ ہر چند کہ خاندانی اختلافات کی بنا پر 'شمع' کے ساتھ ساتھ اس سے جڑے دیگر رسائل جیسے بانو، کھلونا، مجرم، شبستاں بالآخر بند ہوئے، لیکن دوسری طرف یہ حقیقت بھی اپنا ٹھوس وجود رکھتی ہے کہ جب روزانہ کے اخبارات میں فلمی صفحات مخصوص ہو گئے اور فلمی دنیا نیز اس سے وابستہ سرگرمیوں کے بارے میں ہر ہفتہ دلچسپ و تازہ معلومات فراہم کی جانے لگیں تو ان کی موجودگی میں خالصتاً فلمی ماہناموں کی ضرورت باقی نہیں رہی۔ اور اب تو سوشل میڈیا کے پل پل بدلتے رجحانات نے رہی سہی کسر بھی پوری کر ڈالی ہے اور اردو اخبارات سے بھی فلمی صفحات آہستہ آہستہ غائب ہوتے جا رہے ہیں۔

'شمع' میں فلمی فنکاروں کے انٹرویو کی اشاعت کی روایت بہت قدیم رہی ہے۔ بیسویں صدی کی چھٹی اور ساتویں دہائی کی مقبول عام فلمی ہستیوں جیسے دلیپ کمار، راج کپور، دیو آنند، راجیش کھنہ، مدھوبالا، مینا کماری، نرگس، سادھنا سے لے کر گرودت، خواجہ احمد عباس، رشی کیش مکھرجی، محمد رفیع، لتا، کشور، منا ڈے، روی، لکشمی کانت پیارے لال وغیرہ کے انٹرویو شمع نے اپنے شماروں میں شائع کیے ہیں۔ بیسویں صدی ہی کی آٹھویں اور نویں دہائی میں بھی یہ سلسلہ قارئین کے شوق و ذوق کا خیال رکھتے ہوئے تسلسل سے جاری رہا۔ سائبر دنیا کے اردو داں قارئین کی دلچسپی اور مانگ کو مد نظر رکھتے ہوئے راقم الحروف نے اپنے ویب پورٹل "تعمیر نیوز" پر، 'شمع' کے سابقہ شماروں میں شائع شدہ انہی انٹرویوز کو اردو یونیکوڈ تحریر میں پیش بھی کیا ہے۔ انہی میں سے چند منتخب انٹرویوز کو

کتابی شکل میں شائع کیا جا رہا ہے اور امید ہے اسی طرز پر دیگر انٹرویوز کے انتخاب و اشاعت کا سلسلہ آگے بھی دراز ہو گا۔ ان انٹرویوز کے ذریعے جہاں فلمی دنیا کی متعدد نامور و ممتاز ہستیوں کے افکار و نقاط نظر سے قارئین کو واقفیت حاصل ہو گی وہیں ان شخصیات کی نجی و پیشہ وارانہ زندگی کے اتار چڑھاؤ سے بدلتے سماج و اقدار سے آگاہی مل سکے گی۔

عزیز دوست اور شہر تانڈور (ضلع وقار آباد، تلنگانہ) کے جواں سال صحافی یحییٰ خاں نے کتاب کے ٹائٹل کی تزئین کاری کا مشورہ دینے کے ساتھ عنوان کی کمپوزنگ میں رہنمائی کی اور تعاون دیا ہے جس کے لیے میں ان کا ممنون ہوں۔ ماہنامہ 'شمع' کے حوالے سے ڈاکٹر ابرار رحمانی کا ایک دلچسپ تحقیقی مضمون اور سہ ماہی 'ثالث' کے مدیرِ اعزازی ڈاکٹر اقبال حسن آزاد کی ماہنامہ 'شمع' ہی پر ایک تاثراتی تحریر اس کتاب کی زینت ہیں جس کے لیے میں ان دونوں صاحبان کا شکر گزار ہوں۔

۲۵/ اکتوبر ۲۰۲۲ء
حیدرآباد دکن (انڈیا)

شمع میگزین: اب یادیں ہی باقی ہیں

ڈاکٹر ابرار رحمانی (نئی دہلی)

شمع اپنے وقت کا نیم ادبی اور فلمی اردو رسالہ تھا۔ اس کی اہمیت کا اندازہ اس سے بھی ہوتا ہے کہ انگریزی میں "فلم فیئر" کا اشاعتی سلسلہ، شمع کی ابتدا کے ۱۵ سال بعد 1952 میں شروع ہوا تھا۔ شمع والوں نے "شمع سشما ایوارڈ" شروع کیا۔ اس کی نقل بعد میں دوسروں نے کی۔ اس ایوارڈ کی تقریب میں بڑی بڑی ہستیاں مدعو کی جاتی تھیں۔ کئی بار دیگر ملکوں کے صدور نے شرکت کی۔ آج یہ تصور بھی نہیں کیا جاسکتا کہ اردو رسالے کی تقریب میں کسی ملک کا صدر شریک ہوگا۔ شمع کے مالکان نے اسے معیاری، جاذب نظر اور بڑا رسالہ بنانے میں کوئی کسر نہیں چھوڑی تھی۔ اس میں اس وقت کے بڑے رائٹروں کی کہانیاں شائع ہوتی تھیں، کہانی کے مرکزی خیال کے مطابق تصویریں بنوائی جاتی تھیں۔ اس کے لیے اچھے آرٹسٹوں کی خدمات شمع کو دستیاب تھیں۔ کاغذ اچھا استعمال کیا جاتا تھا۔ بلیک اینڈ وائٹ تصویر بھی ایسی ہوتی تھی کہ جیسے اس میں جان ہو۔ ایسی بولتی تصویریں آج کم ہی رسائل میں نظر آتی ہیں۔ قابل ذکر یہ ہے شمع والوں کی طرف سے اور بھی معیاری رسائل شائع کیے جاتے تھے۔ خواتین کے لئے بانو، بچوں کے لیے کھلونا، اس کے علاوہ 'شبستاں'، 'مجرم'، ہندی میں سشما اور سشمیتا۔ لیکن دھیرے دھیرے یہ تمام رسائل بند ہوگئے۔ ان کی بس یادیں رہ گئی ہیں۔

ان پر بات کرتے ہوئے جہاں یہ جاننا ضروری ہے کہ یہ رسائل کیوں بند ہوئے، فلمی میگزین شمع کی صبح کیوں آگئی وہیں اس پر بھی غور کرنا ضروری ہے کہ کیا ایسے اچھے رسائل اردو میں دستیاب نہیں کرائے جاسکتے؟

محمد یونس دہلوی ۶۰ سے ۹۰ کے دوران کی بے حد مقبول میگزینوں شمع اور سشما کے ایڈیٹر اور پبلشر

تھے۔ یہ دونوں میگزینیں لاکھوں کی تعداد میں فروخت ہوتی تھیں۔ دہلوی صاحب کی بیٹی سعدیہ دہلوی بھی ایک مصنفہ ہیں اور ان کے بیٹے وسیم فلم پروڈیوسر ہیں۔ دہلوی صاحب نے اپنی میگزینوں کی اشاعت کو صرف فلموں تک محدود نہیں رکھا تھا۔ ان میں وہ کرشن چندر، عصمت چغتائی اور راجندر سنگھ بیدی جیسے عمدہ افسانہ نگاروں کی کہانیوں کی اشاعت کرتے تھے۔ مشہور مصنفہ اور مورخ رخشندہ جلیل بتاتی ہیں کہ نرگس اور مینا کماری بھی شمع، سشما کے لئے بیچ بیچ میں لکھا کرتی تھیں۔ حالانکہ یہ بات سمجھ سے دور ہے کہ اتنے کامیاب رسائل نکالنے والا پبلشر آہستہ آہستہ کس طرح گوشۂ گمنامی میں چلا گیا؟

دراصل شمع پبلشر کے پودے کو یوسف دہلوی نے لگایا تھا، اسے گھنا درخت بنایا ان کے بیٹے محمد یونس دہلوی نے۔ انہوں نے شمع پبلشر کو ایک بڑی صنعت بنایا۔ ایک دور میں اس کا ایک وقت میں آصف علی روڈ پر مقامی دفتر گلزار ہوا کرتا تھا۔ وہاں پر مشہور فلم اداکار یوسف صاحب ملاقات کے لئے پہنچے تھے تاکہ ان کا انٹرویو شمع اور سشما میں شائع ہو۔

حالانکہ بعد میں دھیرے دھیرے شمع اور سشما دونوں اپنی اپنی پکڑ کھوتے چلے گئے۔ محمد یونس دہلوی صاحب کے سردار پٹیل مارگ پر واقع بنگلے "شمع گھر" میں مسلسل مشاعرے اور دوسری ادبی محفلیں منعقد ہوا کرتی تھیں۔ گھر آنے والوں کی بہترین طریقے سے مہمان نوازی ہوا کرتی تھی۔ اس گھر کو بعد میں بی ایس پی لیڈر مایاوتی نے خرید لیا تھا۔

پچھلے پچاس سالوں سے دہلوی صاحب کے دوست رہے نواب ظفر جنگ بتاتے ہیں کہ یونس بھائی بہت نفیس اور روایتی شخصیت کے حامل تھے۔ وہ اپنے پرانے دوستوں کو بھولتے نہیں تھے۔ پرانی دہلی سے سردار پٹیل مارگ منتقل ہونے کے بعد بھی انہوں نے اپنے پرانے یاروں کو بھلایا نہیں تھا۔ وہ ان کے خراب وقت میں مدد کرنے سے بھی پیچھے نہیں ہٹتے تھے۔ انہوں نے یہ بھی بتایا کہ دہلوی صاحب کے خاندان کے بزرگوں نے تقسیم ہند کے وقت پاکستان جانے سے انکار کر دیا تھا۔ وہ اپنی برداری کے بزرگ اور سرپرست بھی تھے۔ سب کے غم اور خوشی میں شامل ہوتے تھے۔

ہم چوری چھپے 'شمع' کا دیدار کرنے لگے۔ شمع سے کچھ ایسی محبت ہوئی کہ ہم اسے شریک حیات بنا بیٹھے۔ شمع کے ہم اکیلے عاشق نہ تھے۔ ہمارے جیسے لاکھوں تھے جو اس ایک شمع کی زلف گرہ گیر کے اسیر تھے۔ ماہنامہ "شمع" کو جو غیر معمولی شہرت ملی، وہ پھر کسی اور اردو رسالے کو نصیب نہیں ہو سکی۔ شمع کی بہن 'سشما' بھی جو ہندی کو اپنائے ہوئے تھی، اپنی بڑی بہن شمع کو قابل رشک نظروں سے دیکھتی تھی لیکن یہ حقیقت ہے کہ سشما کبھی شمع پر فوقیت حاصل نہ کر سکی۔ اسی شمع کے گھر سے لڑکیوں اور خواتین کے لئے "بانو" سامنے آئی جسے کافی پسند کیا گیا۔ پھر اسی خاندان سے ایک "مجرم" نے بھی جنم لیا۔ مجرم سے یوں تو سبھی ڈرتے ہیں لیکن اس مجرم نے ایک پوری خلقت کو اپنا گرویدہ بنا رکھا تھا۔ اسی خاندان میں ایک اور خوبصورت بچہ پیدا ہوا جس نے اس زمانے کے شکاریوں اور ایڈونچر پسند لوگوں کو کافی لبھایا تھا۔ اس کا نام خیر سے "شبستاں" تھا۔ ہمارے حاجی یوسف دہلوی نے ان سب رسالوں کو اپنی بے پناہ صلاحیتوں سے نہ صرف سینچا بلکہ اپنا خون جگر پلا کر جوان کیا۔ لیکن جوں ہی حاجی صاحب نے آنکھیں بند کیں، ان سب رسائل پر گویا خزاں چھا گئی۔

"شمع ایک مکمل فیملی میگزین تھی۔ اس میں قارئین کی دلچسپی کا خیال سب سے زیادہ رکھا جاتا تھا، یہی اس کی سب سے بڑی خوبی اور اسی وجہ سے شمع میں چھپی ہوئی ساری چیزیں پڑھی جاتی تھیں"۔

یہ کہنا ہے مشہور ناول نگار، افسانہ نگار اور شاعرہ صادقہ نواب سحر کا۔ انہوں نے بتایا کہ میگزین شمع میرے گھر میں میری پیدائش سے پہلے سے آیا کرتی تھی، اس لیے آنکھ کھولتے ہی اس سے وابستگی ہو گئی تھی۔ میں بڑی ہوئی، رسائل پڑھنے لگی تو سب سے پہلے شمع ہی پڑھا کرتی تھی۔ شمع میں شائع ہونے والی غزلوں سے میری زیادہ دلچسپی رہتی تھی لیکن میں افسانے بھی پڑھا کرتی تھی، البتہ گھر کے لوگ زیادہ تر افسانے پڑھا کرتے تھے۔

دو ناولوں، دو افسانوی مجموعوں اور تین شعری مجموعوں کی مصنفہ اور شاعرہ صادقہ نواب سحر کا ماننا ہے کہ ادب اور زندگی ملا کر جو چیز بنتی ہے وہ زیادہ ہٹ رہتی ہے اور میگرین شمع اسی لیے ہٹ رہی۔

اس میں ادب بھی تھا اور فلمی خبریں بھی۔ فلموں کا کریز شروع سے رہا ہے، اس لیے بھی یہ میگزین ہٹ تھی۔ یہ کہنا نامناسب نہ ہوگا بلکہ یہ کہنا چاہیے کہ نیم فلمی اور نیم ادبی میگزینوں میں شمع سب سے مختلف تھی۔

مقبول قلمکار اور جے۔این۔یو کے پروفیسر انور پاشا کا کہنا ہے کہ 'شمع' سنجیدہ ادبی رسائل کے مقابلے میں ایک مقبول نوعیت کا رسالہ تھا۔ اس میں ہلکی پھلکی ادبی تخلیقات کے ساتھ ساتھ سماج کے مختلف طبقات کے ذوق کے موافق مواد شامل کیا جاتا تھا۔ مثلاً فلم یا پھر ادب، خاص کر وہ ادب جو کم پڑھے لکھے طبقات کے درمیان بھی دلچسپی کا سامان فراہم کر سکے اور اس کام کا اس رسالے نے بخوبی انجام دیا۔ 'شمع' کی سب سے بڑی خدمت یہ ہے کہ اس نے اردو قارئین کا ایک بڑا حلقہ تیار کیا۔

'شمع' کے بارے میں این سی پی یو ایل کے سابق ڈائرکٹر اور جے این یو کے پروفیسر خواجہ محمد اکرام الدین کا کہنا ہے کہ 'شمع' نے اردو صحافت میں ایک نئی ابتدا کی۔ اس سے پہلے اردو صحافت میں جو رسائل و جرائد تھے، وہ الگ منہاج و مقاصد کے تحت جاری و ساری تھے۔ مثلاً الہلال، زمانہ اور اس طرح کے جتنے بھی رسائل تھے، ان کا ایک الگ مقصد تھا۔ شمع نے بیک وقت ادب اور تفریحی ادب کو ایک رسالے میں پیش کرنے کی ابتدا کی۔ اسی لیے یہ بہت تیزی سے مقبول ہوا۔ شمع صرف فلمی رسالہ نہیں تھا۔

مشہور افسانہ نگار ابن کنول کا 'شمع' کے بارے میں کہنا ہے کہ فلمی و ادبی رسالہ شمع ادبا و شعرا میں بھی کافی مقبول تھا۔ اردو رسائل کے جو سب سے زیادہ قارئین ہوا کرتے تھے وہ 'شمع' ہی کے ہوا کرتے تھے۔ شمع محض ایک فلمی رسالہ نہیں تھا بلکہ اس میں ادب کے معیاری فن پارے شائع ہوتے تھے۔ بڑے بڑے افسانہ نگاروں کی تخلیقات نہ صرف اس میں شائع ہوئیں بلکہ اس میں شائع ہونے پر وہ فخر محسوس کرتے تھے۔ شمع کی صرف فلمی حیثیت نہیں بلکہ ادبی حیثیت بھی تھی۔

شمع کی یہ بڑی کامیابی تھی کہ اس کی مقبولیت جتنی قارئین میں تھی، اتنی ہی رائٹروں اور فلم والوں میں بھی۔ فلم والے یہ سمجھتے تھے کہ شمع میں ان کا نام چھپ گیا تو ان کی مقبولیت کو پر لگ جائیں گے، ان کی

فلم کا ذکر مثبت انداز میں ہو گیا تو اس کی کامیابی یقینی سی ہو جائے گی، اس لیے اسے فلم والوں میں بڑی مقبولیت حاصل تھی۔ پرانے فلم والے ان دنوں کو آج بھی یاد کرتے ہیں کہ 'شمع' میں ان کے لیے کیا چھپا تھا، 'شمع' میں ان کا انٹرویو شائع ہونے کے بعد ان کی مقبولیت نقطۂ عروج پر پہنچ گئی تھی۔

شمع کے لیے افسانے بھیجنے والوں کا سوچنا یہ تھا کہ یہ رسالہ معقول رقم دیتا ہے اور اس کا ایک معیار بھی ہے، اس لیے اس میں شائع ہونے میں کوئی مضائقہ نہیں۔ بلکہ کئی رائٹروں کے لیے شمع میں چھپنا باعث فخر تھا لیکن یہ کم لوگ جانتے ہیں کہ شمع کے مدیروں نے اس کی امیج کا بڑا خیال رکھا تھا۔

منموہن تلخ کا ایک مضمون "اردو صحافت اور فلم" ماہنامہ 'آج کل' نومبر-دسمبر ۱۹۸۳ میں شائع ہوا تھا۔ اس میں تلخ نے لکھا ہے:

"شمع کو خریدا نہیں جا سکتا"۔

اردو ماہنامہ شمع کے لئے یہ الفاظ میں نے خود اپنے کانوں ایک ایسے فلم ساز کے منہ سے سنے جو بڑے فخر کے ساتھ یہ بھی دعوی کرتا تھا کہ فلم نقادوں کو تو میں جیب میں ڈالے گھومتا ہوں، تاہم کچھ اردو فلم نقادوں نے کئی ناقابل فراموش معرکے سر کیے ہیں، اصول پر ڈٹ کر اس بات کی پروا کیے بغیر کہ ملازمت رہے گی یا جائے گی۔

معموں کے پیچھے کی کہانی

روزنامہ راشٹریہ سہارا میں آرٹسٹ محمد شعیب نے بتایا کہ معموں کا کام دیکھنے کے شوق میں ۱۹۷۵ میں دو دن انہوں نے بھی شمع کے دفتر میں کام کیا تھا۔ وہاں ہر ماہ ۵۰ سے ۶۰ لوگ تین دنوں تک صحیح اور غلط معمے چھانٹا کرتے تھے۔ اس کے علاوہ دس دن کا کام اور ہوتا تھا۔ ان کاموں کے لیے اکثر اینگلو عربک اسکول اور دہلی کالج کے طلبا رکھے جاتے تھے۔ ایک دن کے کام کا محنتانہ ۶۰ روپے اور شام کو سموسے کے ساتھ ایک کپ چائے ملتی تھی۔ اس وقت ۲۵ پیسے کپ چائے تھی۔ کئی لوگ گھر چلانے کے لیے معموں کی چھنٹائی کا کام کیا کرتے تھے۔ تقریباً ۵۰۰ معموں کو ایک دھاگے میں پرویا

جاتا تھا۔ اسے لاٹ کہتے تھے۔ ایک آدمی کو یہ لاٹ دیکھنے میں تقریباً آدھا گھنٹہ لگتا تھا۔ معمہ چیک کرنے والوں کو ایک پنسل دی جاتی تھی۔ اس کے ایک طرف لال رنگ ہوتا تھا، دوسری طرف نیلا رنگ۔ لال رنگ صحیح غلط کا نشان لگانے کے لیے، نیلا رنگ ٹک مارنے کے لیے۔ پنسل چھیلنے کے لیے کچھ لوگ مامور ہوتے تھے تاکہ وقت برباد نہ ہو۔ معمہ چیک کرنے والوں پر ایک سپر وائزر ہوتا تھا۔ وہ معمہ چیک کرنے والوں سے نہایت بدتمیزی سے پیش آتا تھا۔ لوگ معموں کے ساتھ خط بھی بھیجا کرتے تھے۔ ایک خط پڑھنے کا اتفاق ہوا تھا۔ بجنور کی طرف کے کسی صاحب نے مدیر شمع سے التجا کی تھی کہ معموں کی وجہ سے تباہ ہو گیا ہوں۔ ایک انعام دے دیجیے لیکن ان کے بھیجے ہوئے ۱۵-۲۰ معموں میں سے ایک بھی صحیح نہیں تھا۔

☆ ☆ ☆

ماخوذ: روزنامہ راشٹریہ سہارا، 'امنگ' اتوار ایڈیشن۔ ۲۶؍ مئی ۲۰۱۹ء

مشہور زمانہ شمع اردو میگزین دہلی کے عروج وزوال کی داستان

ڈاکٹر اقبال حسن آزاد (مونگیر، بہار)

دہلی سے شائع ہونے والے مشہور زمانہ رسالے "شمع" کے نام سے کون ناواقف ہو گا۔

واقعہ یہ ہے کہ یوسف دہلوی مرحوم اپنی اہلیہ کے علاج کے سلسلے میں دہلی آئے ہوئے تھے۔ بیماری نے طول کھینچا اور ان لوگوں کا قیام طویل سے طویل تر ہوتا گیا۔ وقت گزاری کے لیے انہوں "شمع" نام کا ایک نیم ادبی رسالہ جاری کیا۔ شروع میں اس کی قیمت صرف دو آنے تھی۔ اس رسالے نے مقبولیت کے تمام ریکارڈ توڑ ڈالے اور "شمع" ایک مستحکم ادارے کی شکل اختیار کرتا گیا یہ رسالہ اتنا مشہور تھا کہ پاکستان اسمگل ہوتا تھا۔

پھر اس ادارے سے "شمع" کے علاوہ "سشما" (ہندی) "بانو"، "کھلونا"، شبستاں"، "مجرم" اور "دوشی" (ہندی) بھی شائع ہونے لگے۔ یہ سارے رسالے پابندیٔ وقت کے لیے مشہور تھے۔

"مطب خانے" کا قیام بھی عمل میں آیا اور "شمع پبلیکشنز" کا بھی۔ اس ادارے کا اپنا چارٹرڈ ہوائی جہاز تھا۔ کسی زمانے میں یہاں زبیر رضوی اور ڈاکٹر راہی معصوم رضا بھی کام کیا کرتے تھے۔ اس ادارے سے نکلنے والے رسالوں میں قرۃ العین حیدر، عصمت چغتائی، خواجہ احمد عباس اور کرشن چندر کے علاوہ اپنے وقت کے تقریباً سارے بڑے افسانہ نگار شائع ہوا کرتے تھے۔ یہ رسالہ اپنے قلمی معاونین کو معاوضہ بھی ادا کیا کرتا تھا کیونکہ اس کی اشاعت ایک لاکھ سے بھی زیادہ تھی۔ اس ادارے نے "آئینہ" نام کا ایک خالص ادبی رسالہ بھی نکالا تھا جو گھاٹے کا سودا ثابت ہوا لہٰذا اسے جلد ہی بند کر دیا گیا۔

۱۹۷۸ء میں آنجہانی اندرا گاندھی کے نافذ کردہ ایمرجنسی کا جب خاتمہ ہوا اور مرارجی ڈیسائی کی

سرکار بنی تو میں نے ایک مختصر افسانہ "انقلاب" لکھا اور اسے "شمع" کے پتے پر ارسال کر دیا۔ اگلے ہی ہفتے مدیر شمع جناب یونس دہلوی کا خط آیا کہ افسانہ اشاعت کے لیے منتخب کر لیا گیا ہے۔ اسے کہیں اور مت بھیجئے گا۔ اس ادارے کا ذاتی پوسٹ کارڈ ہوا کرتا تھا جو سفید رنگ کا تھا۔ اس سے پہلے میری ادبی کاوشیں دیگر رسائل میں جگہ پاتی رہی تھیں لیکن شمع میں چھپنے کا پہلا اتفاق تھا۔ خیر! دوسرے یا تیسرے مہینے ہی وہ افسانہ شائع ہو گیا۔

مرارجی ڈیسائی نے بھی ایک ہزار روپے کا چلن ختم کروا دیا تھا مگر اس وقت آج جیسی افرا تفری نہیں مچی تھی کیونکہ اس زمانے میں ہزار روپے ایک بڑی رقم ہوا کرتی تھی اور اس کا نیاز صرف امراء و رؤسا ہی کو حاصل تھا۔ اس نوٹ بندی پر بھی میں نے ایک افسانہ "چھوٹا چور" لکھا تھا۔ یہ افسانہ بھی شمع ہی میں شائع ہوا تھا۔ "انقلاب" کی اشاعت کے فوراً بعد دہلی جانے کا اتفاق ہوا۔ میرا قیام جامعہ نگر میں تھا۔ دہلی کا پروگرام بنتے ہی میں نے شمع کے دفتر میں جانے کا تہیہ کر لیا تھا۔ پتا تو میرے پاس تھا لہذا پہلی ہی فرصت میں وہاں جا پہنچا۔ شمع کا دفتر ایک عالیشان عمارت میں واقع تھا۔ صدر دروازے پر ایک باوردی دربان تعینات تھا جس کا قد یقیناً ساڑھے چھ فٹ رہا ہو گا۔ اس نے آنے کی وجہ پوچھی۔ میں نے کہا کہ میں یونس دہلوی صاحب سے ملنے آیا ہوں۔ اس نے میری رہنمائی کی اور استقبالیہ پر بیٹھی ایک نوجوان خاتون سے ملا دیا۔ وہ خاتون اردو زبان سے نابلد معلوم ہو رہی تھیں۔ انہوں نے بھی میرے آنے کا سبب پوچھا۔ میں نے پھر وہی جواب دیا کہ میں مدیر محترم سے ملنے آیا ہوں۔ انہوں نے جرح کی کہ کیوں ملنا چاہتے ہیں؟ میں نے کہا کہ میرا افسانہ شمع میں چھپا ہے۔ میں ان سے مل کر ان کا شکریہ ادا کرنا چاہتا ہوں۔ انہوں نے میری شکل غور سے دیکھی اور حیرت سے پوچھا۔

"آپ کا افسانہ شمع میں چھپا ہے؟"

"جی، جی ہاں!" میں نے مسکین لہجے میں جواب دیا۔ انہوں نے میرا نام پوچھا۔ پھر اسے کاغذ پر نوٹ کیا اور انٹرکام پر کسی سے کچھ بات کی۔ ادھر سے ہری جھنڈی ملی تو مجھے ایک طرف جانے کا اشارہ کیا۔

میں آگے بڑھا تو دیکھا کہ بہت سارے کاتب فرش پر بیٹھے اپنے اپنے کام میں مشغول تھے۔ ہر طرف کاغذات کے ڈھیر لگے تھے۔ کسی نے میری جانب توجہ نہ دی۔ میں بتائے گئے کیبن کی جانب بڑھا۔ اندر ایک نہایت خوش شکل اور وجیہ صاحب فروکش تھے۔ میں نے سلام کیا تو انہوں نے چشمے کی پیچھے سے مسکراتی آنکھوں سے جواب دیا اور مجھے سامنے بچھی کرسی پر بیٹھنے کا اشارہ کیا۔ ان کی میز پر بہت ساری ڈاک پڑی تھی۔ میرے اندازے کے مطابق ڈیڑھ دو سو لفافے اور پوسٹ کارڈ رہے ہوں گے۔ دوران گفتگو میں نے دریافت کیا کہ کیا یہ صرف ایک دن کی ڈاک ہے۔

ہنس کر بولے: جی ہاں!

پھر باتیں ہونے لگیں۔ ان دنوں واجدہ تبسم کا طویل افسانہ "پھول کھلنے دو" شمع میں قسط وار شائع ہو رہا تھا۔ کچھ باتیں اس کے تعلق سے ہوئیں۔ وہ اپنی ساری مصروفیتوں کو چھوڑ کر صرف میری جانب متوجہ تھے۔ ان کے کسی بھی عمل سے یہ ظاہر نہیں ہو رہا تھا کہ میرا اس طرح بن بلائے آنا ان پر گراں گزر رہا ہے۔ پھر انہوں نے مجھے سبز چائے پلائی اور پوچھا کہ ابھی تو آپ کو اپنے افسانے کا معاوضہ موصول نہیں ہوا ہو گا۔

میں نے کہا۔ "جی نہیں! ابھی تک تو نہیں ملا ہے۔"

پھر انہوں نے ایک واؤچر پر کچھ لکھا اور گھنٹی بجائی۔ چپراسی اندر آیا تو اس کی جانب وہ واؤچر بڑھا کر بولے کہ اسے فلاں صاحب کو دے آؤ۔ تھوڑی دیر بعد چپراسی مبلغ پینتالیس روپے نقد لے کر آیا۔ انہوں نے وہ رقم میرے حوالے کی اور میں نے ان کا شکریہ ادا کرتے ہوئے جانے کی اجازت مانگی۔

اس کے بعد بھی میرے کئی افسانے "شمع" اور "بانو" میں شائع ہوئے۔ وقت گزرنے کے ساتھ معاوضہ کی رقم میں اضافہ ہوتا گیا۔

لیکن وہ جو کہا گیا ہے نا کہ "سدا عیش دوراں دکھاتا نہیں"

تو جناب! اس ادارے کے برے دن بھی آ گئے۔ اور ایک ایک کر کے سارے رسالے بند ہوتے چلے گئے۔ شمع کا جو آخری شمارہ شائع ہوا تھا اس میں میرا افسانہ "دشمن" شامل تھا۔ اس کا معاوضہ مجھے

نہیں ملا۔ اس کے بعد یہ ادارہ تاریخ کا حصہ بن گیا۔

اس ادارے کے بند ہونے کے چند ماہ بعد میرے پاس ایک انجان شخص کا خط آیا۔ لکھا تھا کہ: "میں شمع میں کاتب تھا۔ بھائیوں کے جھگڑے میں ادارہ بند ہو گیا۔ ہم لوگوں کو کئی ماہ سے تنخواہ بھی نہیں ملی۔ اب میں کینسر جیسے موذی مرض میں مبتلا ہوں اور فاقے کر رہا ہوں۔ اگر آپ میری کچھ مدد کر دیں تو عنایت ہو گی۔"

میں نے سوچا کہ یہ کوئی فراڈ بھی ہو سکتا ہے لہذا اس خط کو ردی کی ٹوکری کے حوالے کر دیا۔ لیکن اس کے چند ہفتوں بعد ہی کسی اردو اخبار میں ایک چھوٹی سی خبر شائع ہوئی:
"شمع کے کاتب فلاں صاحب کا بعارضہ کینسر انتقال ہو گیا ہے۔"

☆ ☆ ☆

ماخوذ: ڈاکٹر اقبال حسن آزاد (مونگیر، بہار) کی فیس بک ٹائم لائن (فروری 2019ء)۔

ناصر حسین (پیدائش:۱۶/ نومبر ۱۹۲۶ء-وفات:۱۳/ مارچ ۲۰۰۲ء)

مدھیہ پردیش کے دارالخلافہ اور مردم خیز شہر بھوپال کے ایک زمین دار گھرانے میں پیدا ہوئے تھے۔ ابتدائی تعلیم انہوں نے وہیں حاصل کی، پھر لکھنؤ چلے گئے جہاں ان کو احتشام حسین جیسے استاد کی رہنمائی حاصل ہوئی۔ بی۔اے انہوں نے وہیں کیا۔ افسانے لکھنے کا چسکہ طالب علمی کے زمانے سے ہی پڑ چکا تھا۔ احتشام صاحب کی حوصلہ افزائی نے مہمیز کا کام کیا اور اسی زمانے میں ان کی کہانیاں اردو رسالوں میں چھپنے لگیں۔ ناصر صاحب اپنی ابتدائی کہانیوں کے تعلق سے ایک واقعہ کی یاد کو تازہ کرتے ہوئے کہتے ہیں: "ان ہی دنوں کہانیوں کا ایک کل ہند مقابلہ ہوا تھا، جس میں میری ایک کہانی کو اول انعام حاصل ہوا۔ پھر وہ کہانی 'آج کل' میں شائع ہوئی اور مجھے اس زمانے کے لحاظ سے پندرہ روپے کا 'غیر معمولی' معاوضہ ملا۔۔۔ یہ واقعہ آزادی سے پہلے کا ہے"۔

انٹرویو : ا

ناصر حسین: بالی ووڈ کا مایہ ناز فلمساز و ہدایتکار

سوال: مولانا ابوالکلام آزاد کے علمی اور مذہبی خانوادے سے تعلق رکھنے والا ایک شخص جس کا ذاتی پس منظر بھی خالص علمی اور ادبی ہو، فلم جیسے غیر علمی کاروبار سے کیسے وابستہ ہو گیا؟

جواب: گریجویشن کے بعد میں امپریل آرکائیوز (موجودہ نیشنل آرکائیوز) میں اسسٹنٹ سپرنٹنڈنٹ کے عہدے پر ملازم ہو گیا۔ کچھ دن بعد میری پوسٹنگ شملہ میں ہو گئی۔ شملہ جاتے ہوئے میں نے دلی میں قیام کیا۔ مولانا صاحب (ہم لوگ مولانا آزاد کو 'مولانا صاحب' ہی کہا کرتے تھے) کے بنگلے پر ٹھہرا۔ یہ وہ زمانہ تھا جب برصغیر کی تقسیم اور ترکِ وطن کے ردعمل میں چاروں طرف فسادات پھوٹ پڑے تھے۔ دلی اور شملہ کے حالات کچھ زیادہ ہی مخدوش تھے۔ مولانا صاحب نے مجھے شملہ جانے سے روک دیا۔ شاید ان حالات میں وہی مناسب بھی تھا۔ اس طرح میں شملہ نہیں جا سکا۔ ان ہی دنوں میری ملاقات ڈاکٹر سید حسن سے ہوئی۔ سید صاحب کو سفیر بنا کر مصر یا غالباً ترکی بھیجا جا رہا تھا۔ انہوں نے مجھے تھرڈ سکریٹری کے عہدے کی پیشکش کی۔ میں نے ان کی پیشکش قبول کرنے سے پہلے مولانا صاحب سے اجازت لینا مناسب سمجھا۔ مگر مولانا نے اجازت نہیں دی۔ ان کا کہنا یہ تھا کہ کسی سفیر کے تھرڈ سکریٹری کے لیے آئی سی ایس یا آئی اے ایس ہونا ضروری ہے۔ میں نے ڈاکٹر سید حسن صاحب کو مولانا کے جواب سے آگاہ کر دیا۔ سید صاحب اس جواب سے بے حد خفا ہوئے۔ کہنے لگے: 'مولانا نہ تو خود کھاتے ہیں اور نہ دوسروں کو کھانے دیتے ہیں۔ میں تمہیں اپنی ذمہ داری پر لے جانا چاہتا تھا۔' لیکن اب کچھ نہیں ہو سکتا تھا، کیونکہ بات مولانا کے علم میں آ چکی تھی اور میرے اندر مولانا کے فیصلے کو رد کرنے کی جرات نہیں تھی۔ خیر دلی سے دلبرداشتہ

ہو کر میں بمبئی آ گیا۔ یہاں خواجہ غلام السیدین صاحب حکومتِ مہاراشٹر کے مشیر تعلیم تھے۔ ایس۔ مکرجی سے ان کی دوستی تھی۔ سیدین صاحب نے ایس۔ مکرجی سے میرا تعارف کرادیا اور ان کے ذریعے میرا داخلہ فلمستان میں ہوا۔ فلم رائٹر کی حیثیت سے میرے فلمی کیریر کا آغاز ہوا۔

سوال: ناصر صاحب بمبئی کے 'فلمستان' نامی اسٹوڈیو کے بارے میں بھی کچھ بتائیں۔

جواب: جی ہاں۔ یہ وہی فلمستان ہے جو کسی زمانے میں بمبئی کا بہت بڑا فلمساز ادارہ تھا۔ تولارام جالان اس کے مالک تھے۔ ایس۔ مکرجی پروڈیوسر تھے۔ اسی طرح کا ایک اور فلمساز ادارہ 'بمبئی ٹاکیز' بھی تھا۔ اس زمانے کے بڑے بڑے ادیب، شاعر، آرٹسٹ، ٹیکنیشنز ان اداروں سے وابستہ تھے۔ علی رضا، آغا جانی کشمیری، سبودھ مکرجی، شاہد لطیف، خواجہ احمد عباس، سعادت حسن منٹو، آئی ایس جوہر، امیہ چکرورتی، گیان مکرجی، دیویکا رانی، رینوکا دیوی اور اشوک کمار ان میں سے چند اہم نام ہیں۔ اشوک کمار تو بمبئی ٹاکیز میں باقاعدہ ملازم بھی تھے۔ اس زمانے میں یہ ادارے خاندانوں کی طرح ہوتے تھے۔ ادارے کا ہر ممبر ایک دوسرے سے خلوص کے باہمی رشتے میں بندھا ہوتا تھا۔
اسی زمانے میں علی رضا کے ساتھ میں نے ایک فلم "چاندنی رات" لکھی۔ آغا جانی کشمیری کی علالت کے باعث مجھے یہ چانس ملا تھا۔ پھر "شبنم" قمر جلال آبادی کے ساتھ اور "شرط" آئی ایس جوہر کے ساتھ لکھی۔

سوال: آپ کی پہلی مکمل فلم کون سی تھی جو آپ نے تنہا خود ہی لکھی ہو؟

جواب: ایسی پہلی فلم 'منیم جی' تھی۔ اس کے بعد میں نے ہر فلم تنہا خود لکھی۔ 'پیئنگ گیسٹ'، 'چمکی'، 'شبستاں' وغیرہ اسی طرح کی فلمیں تھیں۔

سوال: رائٹنگ سے ڈائرکشن کی طرح آپ نے کب اور کیسے چھلانگ لگائی؟

جواب: میری ڈائرکٹ کی ہوئی پہلی فلم 'تم سا نہیں دیکھا' تھی۔ شمی کپور اور امیتا اس کے ہیرو ہیروئین تھے۔ موسیقی او۔پی۔ نیر کی تھی۔ اس سے پہلے ڈائرکشن کا مجھے عملی تجربہ نہیں تھا۔ کسی

ادارے میں تربیت حاصل کرنے کا تو سوال ہی پیدا نہیں ہوتا تھا کہ ان دنوں ایسا کوئی ادارہ تھا ہی نہیں۔ نہ میں کسی ڈائرکٹر کا اسسٹنٹ ہی رہا تھا۔ ہاں، مختلف ڈائرکٹروں کے کام کا مشاہدہ ضرور تھا۔ اس کے علاوہ دوسرے ٹیکنیکل شعبوں خاص طور پر ایڈیٹنگ پر بھی گہری نظر رکھتا تھا۔ دراصل ڈائرکشن ٹیکنکل اعتبار سے مکمل میڈیم ہے۔ ایک ڈائرکٹر تمام ٹیکنیکل شعبوں کے حوالے سے فلم کو مکمل اکائی کے روپ میں سوچتا ہے۔ اس لیے شروع ہی سے میرا جھکاؤ ڈائرکشن کی طرف رہا اور میں باریک بینی سے اس کا مشاہدہ کرتا رہا۔ اس کے علاوہ مالی وجہ بھی تھی۔ رائٹر کو معاوضہ کم ملتا تھا۔ یوں بھی رائٹر کے لیے ڈائرکٹر بننا زیادہ آسان ہے۔ کیونکہ ایک فلم کو کہانی کی شکل میں سب سے پہلے رائٹر ہی سوچتا ہے۔ ڈائرکٹر اسی سوچ کو ٹیکنکل مہارت کے ساتھ سلولائیڈ پر منتقل کر دیتا ہے۔ اس لحاظ سے دیکھا جائے تو رائٹر کی حیثیت بنیادی ہے۔ لیکن چونکہ وہ فلم کے دوسرے ٹیکنکل پہلوؤں سے واقف نہیں ہوتا اس لیے ڈائرکٹر سبقت لے جاتا ہے اور وہ جہاز کا کپتان کہلاتا ہے۔

ہالی ووڈ میں رائٹر کی بنیادی حیثیت کو تسلیم کیا جاتا ہے۔ ہمارے یہاں رائٹر کے وقار میں اب آکر اضافہ تو ضرور ہوا ہے، لیکن ان کی بنیادی حیثیت ابھی تک تسلیم نہیں کی گئی ہے۔ اسی لیے میں نے جب فلم 'تم سا نہیں دیکھا' کی ڈائرکشن کا مطالبہ کیا تو سیٹھ تولارام جالان اور پروڈیوسر ایس۔ مکرجی کو اس جسارت پر بڑی حیرت ہوئی۔ آخر بڑی ردوکد کے بعد وہ اس شرط پر تیار ہوئے کہ اگر دو تین ریل کی شوٹنگ کے اندر ہی میں انہیں مطمئن نہ کر سکا تو وہ کسی تجربہ کار ڈائرکٹر کو رکھ لیں گے۔ میں نے اس شرط کو ایک چیلنج سمجھ کر قبول کر لیا۔ شمی کپور اس وقت کا فلاپ ہیرو تھا، اس کی پچھلی سات آٹھ فلمیں بری طرح پٹ چکی تھیں۔ امیتا بھی کوئی خاص ہیروئین نہیں تھی۔ پوری ٹیم میں صرف ایک او۔پی۔ نیر تھے جو منجھے ہوئے موسیقار تھے۔ لیکن مجھے اپنے اوپر اعتماد تھا۔ اس موقع پر میرا وہ تجسس کام آیا جو فلم کے دوسرے شعبوں سے متعلق میرے ذہن میں تھا اور جس کے تحت میں اکثر ان شعبوں پر نظر رکھتا تھا۔

میرے زمانے کی فلموں میں زیادہ تر لمبے لمبے static (جامد) شاٹس لیے جاتے تھے جس سے فلموں میں ایک عجیب تھیٹریکل تصنع پیدا ہو جاتا تھا۔ میں نے اپنی شوٹنگ کے دوران کیمرے کو موبائل

(متحرک) رکھنے کا تجربہ کیا۔ ایڈیٹنگ کے مشاہدے سے شاٹس کی صحیح جگہ پر کٹنگ کا اندازہ ہو چکا تھا۔ میں نے مختلف sequences میں sharp-cuts کے ذریعے فلم کی رفتار کو بڑھانے کا تجربہ کیا۔ میرے زمانے کی فلموں میں عام طور سے تین گھنٹے کی فلم میں ڈیڑھ گھنٹہ گانوں کے ہوتے تھے۔ میں نے گانوں کی تعداد کم کی اور انہیں سچویشنل بنانے کی کوشش کی۔ مجھے اندازہ نہیں تھا کہ میرے ان تجربوں کا کیا حشر ہو گا۔۔۔؟

فلمستان کی گھاگ اور تجربہ کار نگاہیں میری ایک ایک حرکت پر نگراں تھیں۔ خدا کا شکر ہے کہ ان لوگوں نے میرے اس تجربے پر کسی قسم کا اعتراض نہیں کیا اور نہ پوری فلم کی شوٹنگ کے دوران کسی قسم کی مداخلت کی۔ خدا خدا کر کے فلم مکمل ہوئی، ریلیز ہوئی اور خلاف توقع، توقع سے زیادہ کامیاب ہوئی۔ یہ فلم آل انڈیا ہٹ ثابت ہوئی۔

سوال: 'تم سا نہیں دیکھا' کے بعد ناصر حسین نے کئی کامیاب فلمیں انڈسٹری کو دیں۔ دل دے کے دیکھو، جب پیار کسی سے ہوتا ہے، پھر وہی دل لایا ہوں، بہاروں کے سپنے، کارواں، یادوں کی برات، ہم کسی سے کم نہیں، زمانے کو دکھانا ہے، منزل منزل اور زبردست۔
ان میں سے آخری تین فلمیں ناصر حسین اسٹائل میں کامیاب نہیں رہیں۔ تو کیا ایک باصلاحیت فلم میکر اچانک فلم میکنگ کی صلاحیت کھو بیٹھا تھا؟

جواب: آپ کا اشارہ غالباً تین فلموں 'زمانے کو دکھانا ہے'، 'منزل منزل' اور 'زبردست' کی ناکامی کی طرف ہے۔ مجھے ان تینوں کی ناکامی کا اعتراف ہے۔ اس کی بہت ساری وجہیں ہیں۔ ایک بڑی وجہ mediocre media (عامیانہ میڈیا) بھی ہے۔ ٹی وی اور ویڈیو بھی آج فلموں پر ایک حد تک اثر انداز ہو رہے ہیں۔ ویڈیو قزاقی کا یہ عالم ہے کہ آپ کوئی بھی فلم ریلیز سے ہفتوں پہلے ویڈیو پر دیکھ سکتے ہیں۔ حالانکہ اس کے خلاف قانون بھی بنائے گئے ہیں، مگر ہمارے یہاں کسی قانون کا احترام ہی کتنا ہوتا ہے؟ سرکار قانون بنا کر الگ ہو جاتی ہے اور اس کی پابندی کرانے میں ناکام رہتی ہے۔

سوال: مگر یہ خطرہ یعنی ویڈیو اور ٹی وی کا خطرہ تو دوسرے فلمسازوں کے لیے بھی ہے، پھر ان ہی

دنوں کئی دوسری فلمیں کیسے کامیاب ہو گئیں؟ کہیں آپ کی فلموں کی ناکامی کا سبب ان کی ٹیکنکل خامیاں تو نہیں؟

جواب: نہیں اس کی وجہ ٹیکنیکل سے زیادہ ایموشنل (جذباتی) ہے۔ مجھے اعتراف ہے کہ کم از کم 'زمانے کو دکھانا ہے' میں ایموشن کو صحیح طور پر نمایاں کرنے میں ناکامی ہوئی ہے۔

سوال: کہیں ان ناکامیوں کے پیچھے فلم بینوں کا وہ جاگتا ہوا شعور تو نہیں جو انہیں اچھی فلم اور بری فلم میں تمیز کرنا سکھا رہا ہے؟

جواب: شعور۔۔۔؟ 'رام تیری گنگا میلی' میں کون سا شعور تھا؟ محض ایک passionate love (ہیجان انگیز عشق) کی کہانی تھی۔ میوزک اور مذہبی بھپکے کے سوا اس کی کہانی میں اور تھا ہی کیا؟ ننگی چھاتیاں؟ مگر ننگی چھاتیاں ہی ایک فلم کی کامیابی کی ضمانت ہوتیں تو آج ساؤتھ کی فلمیں سب سے کامیاب فلمیں ثابت ہوتیں۔ مگر نہیں۔ آپ ہی ایمانداری سے بتائیں۔ کیا گنگا کی ننگی چھاتیاں دیکھ کر کسی قسم کا فاسد جذبہ دل میں پیدا ہوتا ہے؟ ہر گز نہیں۔ ایک طرف گنگوتری کا مذہبی پس منظر ہے اور پھر اسی کی مناسبت سے ہیروئین کا نام گنگا رکھا گیا ہے۔ پہاڑی علاقے کی ایک الہڑ دوشیزہ پہلی بار ماں بنتی ہے اور ایک معصومانہ بے ساختگی کے ساتھ اپنے بچے کو دودھ پلاتی ہے تو ان تمام حوالوں کے ساتھ ممتا کی پر تقدس اور پاکیزہ فضا بنتی ہے۔ جنسی تلذذ کا کوئی جذبہ بیدار ہی نہیں ہوتا۔ اور یہی راج کپور جیسے عظیم میکر کی کرافٹنگ اور ٹریٹمنٹ کا نقطۂ عروج ہے۔ یہیں سے وہ دوسرے ڈائرکٹروں کی بھیڑ سے الگ، منفرد اور ممتاز نظر آتے ہیں۔ وہ فطری تقاضوں اور مذہبی پس منظر سے بھی روحانی مسرت کے بصری حسن کا رس نچوڑ لیتے ہیں۔ ورنہ آپ دیکھ لیں، اس فلم کی کہانی میں اور کچھ نہیں ہے۔ راج کپور بلاشبہ ایک بڑے شومین ہیں۔ وہ اپنے تماشائیوں کو بہت جلد مبہوت کرنے کا ہنر جانتے ہیں۔

سوال: ایک کامیاب فلم کا کوئی واضح خاکہ آپ بتا سکتے ہیں؟

جواب: اگر ایسا کوئی فارمولا ہوتا تو ہم فلم والے کروڑوں روپے خرچ کر کے بھی اسے حاصل کر لیتے اور پھر کبھی کوئی فلم فلاپ نہ ہوتی۔۔۔

کامیاب اور ناکام فلموں کا راز بھی دراصل زندگی اور موت کا راز ہے جسے قدرت نے اپنے ہاتھ میں رکھا ہے۔ پوری دنیا میں فلم کی نوعیت یہی ہے۔ فلم ساز سوچتا کچھ ہے، ریلیز کے بعد ہوتا کچھ ہے۔ چند لوگ مل کر ایک فلم بناتے ہیں، کروڑوں لوگ اسے دیکھتے ہیں اور اس کے اچھی یا بری ہونے کا فیصلہ کرتے ہیں۔ کبھی پانسہ صحیح پڑتا ہے، کبھی غلط۔ اس کا دعویٰ تو کے۔ آصف، محبوب خان اور راج کپور جیسے فلمی پنڈت بھی نہیں کر سکے کہ کون سی فلم کامیاب ہوگی، کون سی ناکام؟

سوال: یہ خیال عام ہے کہ ناصر حسین اپنی فلمیں خود ہی لکھتے ہیں، خود ہی ڈائریکٹ کرتے ہیں اور خود ہی پروڈیوس بھی کرتے ہیں۔ نہ باہر کی فلمیں لکھتے اور ڈائریکٹ کرتے ہیں اور نہ کسی دوسرے رائٹر، ڈائریکٹر کو اپنے بینر میں اپنی صلاحیتوں کے جوہر دکھانے کا موقع دیتے ہیں۔ لیکن حال ہی میں ان کی ایک ایسی فلم کا چرچا ہوا ہے جو ان کے بینر کی نہیں تھی، اس فلم کا نام "زبردست" تھا اور اس کے پروڈیوسرز مشیر ریاض تھے۔ آخر وہ کون سی مجبوری تھی کہ انہوں نے باہر کی کوئی فلم کی۔

جواب: کوئی مجبوری نہیں تھی۔ اس کے ساتھ یہ بات بھی درست نہیں کہ میں نے دوسرے لوگوں کو اپنے بینر میں کام کرنے کا موقع نہیں دیا۔ میری ایک فلم، "بہاروں کے سپنے" کے مکالمے مشہور افسانہ نگار راجندر سنگھ بیدی نے لکھے تھے۔ اس کے علاوہ میری تحریر کردہ اور میرے ہی بینر کی ایک فلم "تیسری منزل" کو وجے آنند نے ڈائریکٹ کیا تھا۔ دراصل ہر فلم کا اپنا ایک مزاج ہوتا ہے۔ اس کے لئے ضروری ہے کہ اس کا رائٹر اور ڈائریکٹر بھی اسی مزاج کا ہو۔ یہی فلم سازی کا فطری طریقہ ہے، میں کوشش کرتا ہوں کہ اس طریقے پر چلوں۔

سوال: فلم کا ایک روشن پہلو، وسیع پیمانے پر عوام کو سستی تفریح مہیا کرنا ہے، اور فلم کا ایک تاریک پہلو بھی ہے، جو معاشرے کے بگاڑ کا سبب بنتا ہے۔ فلم بناتے وقت ہمارے فلم سازوں کی نظر عام

طور سے فلم کی ان خصوصیات پر ہوتی ہے جن سے فلم 'کلک' کر جائے، اسے عوامی مقبولیت حاصل ہو اور 'باکس آفس' کی عفریت کا دوزخی پیٹ بھر جائے۔ یہ خصوصیات فلم کی اصطلاح میں "مسالہ" کہلاتی ہیں، مطلب پرست فلم سازوں کو اس سے کوئی دل چسپی نہیں ہوتی کہ یہ مسالہ ذائقہ بنائے گا یا بگاڑے گا، نئی نسل اور ناپختہ ذہنوں پر اس کا اثر مثبت ہو گا یا منفی؟ معاشرہ سدھرے گا یا بگڑے گا۔ زیادہ تر ایسا ہوتا ہے کہ سماج پر اس کے منفی اثرات ہی مرتب ہوتے ہیں، فلموں کے اسٹائل میں ڈاکے ڈالنے اور عشق کرنے کی بہت سی وارداتیں سامنے آ چکی ہیں۔۔۔ تو کیا فلم کو تعمیری مقاصد کے لئے استعمال نہیں کیا جا سکتا؟

جواب: دوسروں کے بارے میں تو کچھ نہیں کہہ سکتا، البتہ جہاں تک میرا تعلق ہے، میں نے اپنے آپ کو کبھی کوئی مبلغ یا پرچارک نہیں سمجھا۔ میں صرف ایک ENTERTAINER (تفریح مہیا کرنے والا) ہوں اور میں فلم کو محض تفریح سمجھتا ہوں۔ رہا معاشرے کے سدھار کا معاملہ تو اس کے لئے تعلیم بنیادی شرط ہے۔ اس کے علاوہ ملک گیر سطح پر جب تک لوگوں کے معاشی حالات بہتر نہیں ہوں گے، کسی سماجی بہتری کی توقع کرنا بھی احمقوں کی جنت میں رہنے کے برابر ہے۔ چھوٹی ذات والوں کا استحصال آج بھی جاری ہے، ہریجن آج بھی تشدد کا شکار ہے۔ مسلمانوں کے ساتھ رواداری تو خواب ہی بن چکی ہے۔ اب سکھوں کا مسئلہ بھی سامنے آ کھڑا ہوا ہے۔ جہیز کی چتا میں آج بھی معصوم روحیں جلنے، سلگنے پر مجبور ہیں۔ کیا ان سب موضوعات پر ہمارے یہاں فلمیں نہیں بنیں؟ مگر کیا یہ مسائل حل ہو گئے؟ مغرب میں بھی کالے گورے کے مابین نفرت کی خلیج پاٹنے کے موضوعات پر بے شمار فلمیں بن چکی ہیں، مگر کیا یہ دعویٰ کیا جا سکتا ہے کہ وہ کالی نفرت ختم ہو گئی؟ انسان کسی نہ کسی مجبوری کے تحت ہی جرائم کی طرف راغب ہوتا ہے۔ وہ مجبوری ختم کر دی جائے تو جرائم خود ختم ہو جائیں گے۔ جو دنیا میں ہوتا ہے، ہم وہی دکھاتے ہیں۔ یہ چمبل کے ڈاکو کیا ہیں؟ کیا وہ ہماری فلموں کے پیدا کردہ ہیں؟ یا اپنے حالات کی دین ہیں؟ کیا فلموں سے پہلے ڈاکوؤں کا وجود نہیں تھا؟ چوری نہیں ہوتی تھی؟ قتل اور جعل سازی کی وارداتیں نہیں ہوتی تھیں؟ دراصل ہر چیز ایک

حد تک قابل برداشت ہوتی ہے۔ اس کے بعد لوگوں کو اس سے گھن آنے لگتی ہے۔ آج مغربی معاشرے پر ایک نظر ڈالئے، وہاں زندگی کتنی بے روح اور مصنوعی ہو گئی ہے۔ پلے بوائز، بٹیلز، ہپیز، کرشنا کلٹ، یوگی کلٹ، نہ جانے کتنے فراڈ وجود میں آ گئے ہیں۔ مادہ پرستی کی انتہا لوگوں کو فرار پر مجبور کر رہی ہے۔ آج مشرق انہیں روحانی سکون کی جنت نظر آ رہا ہے۔ ایک دن یہ رد عمل تو ہونا ہی تھا۔ تو میرے بھائی، فلم سے معاشرے کو نہ بگاڑا جا سکتا ہے اور نہ سدھارا جا سکتا ہے، فلم تھکے ذہنوں کے لئے صرف تھوڑی دیر کی پناہ گاہ ہے، ایک تفریح یا امیوزمنٹ۔۔ بس!

سوال: ہمارے یہاں فلموں میں اسکرین پلے سے زیادہ اہمیت میوزک اور گانوں کو دی جاتی ہے، کبھی کبھی تو ایسا ہوتا ہے کہ سڑی سے سڑی کہانیوں پر بنی ہوئی فلمیں محض دل کش گانوں کے کندھوں پر سوار ہو کر کامیابی کے پل پار کر لیتی ہیں۔ آج بڑی بڑی فلموں کی ناکامی کا ایک سبب شاید بے رس میوزک اور بے تکے گانے بھی ہیں۔۔

جواب: ہمارے زمانے میں تو ریڈیو بھی نہیں تھا۔۔ گراموفون سب سے بڑی تفریح ہوا کرتا تھا۔ ہمارے گھر میں ایک بار گراموفون آیا تو اس کا یہ گیت بہت مقبول ہوا:

'چھوٹے سے بلما دیکھو، انگنا میں گلّی کھیلیں'

ایک زمانے میں غزل کا دور دورہ تھا، پھر گیت آیا، ڈھولک کے گیت، پھر آہستہ آہستہ سر بدلنے لگے، پاپ میوزک اور ڈسکو آندھی کی طرح آئے اور چلے گئے۔ اب غزل کی حکومت دوبارہ لوٹ آئی ہے۔ ڈائریکٹ غزل نہ سہی، گانوں کو غزل کے مزاج پر ضرور لایا جا رہا ہے۔ میلوڈی کی طرف پھر واپسی ہو رہی ہے۔ میں نے بھی میوزک اور گانوں کو اہمیت دی ہے اور کم و بیش ہر میلان کی پذیرائی کی ہے۔ اس کے باوجود میں یہ تسلیم کرنے کو تیار نہیں کہ گھٹیا کہانیوں پر بنی ہوئی فلمیں محض گانوں کی وجہ سے کامیاب ہو جاتی یہں۔ اگر ایسا ہوا بھی ہے تو اسے صرف اتفاق کہہ سکتے ہیں۔

سوال: لوگوں کا کہنا ہے کہ آپ اپنی فلموں کے مکالموں کو بھی بڑی اہمیت دیتے ہیں؟

جواب: آپ نے ٹھیک سنا ہے، بنیادی طور پر تو میں فکشن ہی کا آدمی ہوں۔ فکشن میں کردار نگاری یا کردار سازی کی اپنی ایک اہمیت ہے۔ اس سے واقعہ حقیقت کے قریب آجاتا ہے۔ کہانی کوئی بھی ہو، میں نے کرداروں کے مونہہ میں کبھی اپنی زبان ٹھونسنے کی کوشش نہیں کی۔

سوال: پھر آپ اپنی فلموں کے لئے سنسر سے اردو زبان کا سرٹیفکٹ کیوں حاصل کرتے ہیں، کیا آپ کی فلموں کے کردار جو زبان بولتے ہیں وہ اردو ہے؟

جواب: یقیناً۔۔ میرے کردار ہندوستان کی روزمرہ کی زبان بولتے ہیں۔

سوال: مگر اس کے لئے آپ ہندوستانی زبان کا سرٹیفکیٹ بھی لے سکتے تھے؟

جواب: تو کیا آپ اردو کو جاپانی زبان سمجھتے ہیں؟ بھئی، جو ہم فلموں میں سنتے ہیں، وہی ہندوستان کی زبان ہے۔ اور وہ اردو ہے۔ یہ وہ زبان نہیں جو ہم آل انڈیا ریڈیو یا دوردرشن، کی خبروں میں سنتے ہیں۔ دراصل آزادی کے بعد تعصب کی وجہ سے اردو کو ایک مخصوص فرقے کے ساتھ نتھی کر دیا گیا ہے۔ میں نے ابتداء سے اردو پڑھی، اسکول اور کالج میں یہی زبان ذریعہ تعلیم رہی۔ گلی محلوں اور شہروں میں اسی سے سابقہ پڑا۔ ابتدائی دنوں میں افسانے اسی زبان میں لکھے اور بعد میں جب فلمیں لکھنے کا موقع ملا تو بھی اسی زبان نے ساتھ دیا۔۔ اب آپ ہی بتائیں، جو زبان بچپن سے اب تک قدم سے قدم ملا کر چلی ہو، جو ہندوستان بھر کے گلی محلوں اور شہروں میں بولی سمجھی جاتی ہو۔ یعنی جو پورے ہندوستان میں رابطہ کی زبان کا درجہ رکھتی ہو، اسے فلم میں کیوں نہ استعمال کروں؟ اور جب فلم میں استعمال کروں تو پھر سنسر سرٹیفکیٹ بھی اسی زبان میں کیوں نہ حاصل کروں؟

سوال: اس سے آپ کے بزنس پر کچھ نہ کچھ منفی اثر تو پڑتا ہی ہو گا؟

جواب: کیوں؟ بھلا اس سے بزنس پر خراب اثر کیوں پڑنے لگا؟

سوال: اگر بزنس اس سے متاثر نہیں ہوتا تو پھر دوسرے فلم ساز بھی ایسا کیوں نہیں کرتے؟ وہ اپنی

فلموں کے لئے ہندی سرٹیفکیٹ کیوں حاصل کرتے ہیں؟

جواب: بھئی، یہ ان کی کوئی ذاتی مجبوری ہو سکتی ہے، ورنہ جہاں تک میرا خیال ہے، لوگ اکثر اس پر دھیان نہیں دیتے، کیوں کہ فارم تو آفس کے دوسرے لوگ بھرتے ہیں۔ وہ اسے ایک معمول کے کام کی طرح کر گزرتے ہوں گے۔

سوال: ناصر صاحب، آپ کا تعلق مذہبی پس منظر رکھنے والے ایک معزز زمیندار گھرانے سے تھا۔ آپ کو مولانا آزاد کا نواسا ہونے کا شرف بھی حاصل تھا۔ ان حالات میں فلم سے وابستگی پر آپ کے خاندان والوں کا ردعمل کیا ہوا ہوگا؟ اور خود مولانا نے اسے کن نظروں سے دیکھا تھا؟

جواب: بھئی، کافی عرصے تک فیمیلی بائیکاٹ کے عذاب میں مبتلا رہا۔ ان ہی دنوں کی بات ہے، گجرات اور مہاراشٹر کا تنازعہ زوروں پر تھا، مولانا صاحب ان دنوں کانگریس کے صدر تھے۔ بمبئی تشریف لائے تو میں بھی سلام کرنے پہنچ گیا۔ میرے خالو، خالہ اور ماموں وہاں پہلے ہی سے موجود تھے۔ یہ سب مجھ سے نالاں تھے، سب نے مل کر مولانا صاحب سے میری اس بے راہ روی کی شکایت کی۔ مولانا نے ناراض ہونے کی بجائے میری حوصلہ افزائی کی اور ان لوگوں کو سمجھایا کہ اگر اسے بگڑنا ہوتا تو یوں بھی بگڑ سکتا تھا۔ فلم کوئی بری چیز نہیں ہے، اس کا مستقبل تابناک ہے۔۔ اس واقعہ کے بعد خاندان والوں سے میری صلح ہوگئی اور ان لوگوں نے مجھے معاف کر دیا۔۔ شاید مولانا کی بات کو رد کرنے کی جرات ان کے اندر بھی نہیں تھی۔

☆☆☆

ماخوذ: 'شمع'، شمارہ: جنوری ۱۹۸۷ء

سلطان احمد (پیدائش: ۱۹۳۸، لکھنؤ - وفات: ۲۲/ مئی ۲۰۰۲، تہران)

بالی ووڈ فلموں کے معروف فلمساز و ہدایتکار رہے ہیں۔ جنہوں نے راجستھان کے پس منظر میں اپنی مشہور فلمیں ہیرا، گنگا کی سوگندھ اور داتا تخلیق کی ہیں۔ واضح رہے کہ دلیپ کمار کے برادر نسبتی اور سائرہ بانو کے حقیقی بھائی سلطان احمد ایک الگ شخصیت ہیں۔ اس مختصر سے انٹرویو میں سلطان احمد نے ریاست راجستھان سے اپنے قلبی تعلق کی وضاحت کی ہے۔ سلطان احمد بچپن میں والدین کے ساتھ بمبئی آ گئے تھے، اسی شہر میں پروان چڑھے اور اسی شہر نے سلطان احمد کو ایک منفرد فلم میکر بنایا مگر خود سلطان احمد ملک کے جس خطہ سے سب سے زیادہ پیار کرتے ہیں وہ ہے راجستھان۔ راجستھان سے سلطان احمد کے قلبی لگاؤ کا ثبوت یہ ہے کہ سلطان احمد نے اپنے فلم کیریر میں آج تک پانچ فلمیں بنائی ہیں پہلی فلم "ہیرا" تھی اس کے بعد "گنگا کی سوگندھ"، "دھرم کانٹا" "داتا" اور "جے وکرانتا"، یہ تمام فلمیں انہوں نے راجستھان میں بنائی ہیں۔

انٹرویو : ۲

سلطان احمد: راجستھان کے پس منظر والی فلموں کا مقبول ہدایتکار

سوال: راجستھان سے آپ کا کیا خصوصی تعلق ہے؟

جواب: میں نے راجستھان کا چپہ چپہ کھنگال رکھا ہے۔ جب میں آصف صاحب (کے۔ آصف مرحوم) کا اسسٹنٹ تھا تو ان کے ساتھ مغل اعظم، محبت اور خدا اور سستا خون مہنگا پانی کے سلسلے میں راجستھان کا کونہ کونہ دیکھا ہے بعد میں جب خود پروڈیوسر بنا تو راجستھان میرا پسندیدہ لوکیشن بن گیا۔ راجستھان اور اس کے گلابی شہر جے پور کا میں اسیر ہوں، اس کا ثبوت ہے کہ جے پور میں میرا بنگلہ زیر تعمیر ہے، جس کا نام میں نے ہیرا رکھا ہے، جو میری پہلی فلم کے نام کی یاد دلاتا ہے۔ فلمی لوگ اگر دنیا میں کسی سے ڈرتے ہیں تو وہ انکم ٹیکس ڈیپارٹمنٹ ہے مگر میرے حوصلوں کی داد دیجیے کہ جے پور میں میرا بنگلہ انکم ٹیکس کالونی میں تعمیر ہو رہا ہے اور یہ انکم ٹیکس کالونی جے پور کے کلارکس عامر ہوٹل [Hotel Clarks Amer] سے تقریباً دو کلومیٹر کے فاصلے پر واقع ہے۔

سوال: آپ اپنی ہر فلم راجستھان ہی میں کیوں بناتے ہیں؟

جواب: میں نے آج تک جتنی فلمیں بنائی ہیں ان میں ہندوستانی تہذیب اور کلچر پیش کرنے کی کوشش کی ہے اور میں سمجھتا ہوں راجستھان میں شوٹنگ کر کے فلم میں وہ ماحول آ جاتا ہے جسے ہندوستانی ماحول کہا جاتا ہے۔ راجستھان میں جتنے خوب صورت لوکیشن ہیں وہ پورے ملک میں اور کہیں نہیں۔ ان لوکیشنز کا اپنا ایک خاص مزاج ہے۔ راجستھان کے گاؤں، یہاں کے لوگ، یہاں کی طرز تعمیر۔۔۔ غرض کہ ہر چیز سے ہندوستانیت کی جھلک ملتی ہے۔ شاید یہی وجہ ہے کہ میں اپنی ہر

فلم راجستھان میں بناتا ہوں۔

سوال: آپ جے پور سے اتنی محبت کرتے ہیں کہ آپ نے یہاں بنگلہ بھی بنایا ہے؟

جواب: کیوں کہ میں اپنی ہر فلم راجستھان میں بناتا ہوں جس کے لئے مجھے بار بار یہاں آنا پڑتا ہے۔ ہر فلم کے لئے دو تین بار یونٹ جے پور آتا ہے۔ سوچا کہ جتنا پیسہ ہوٹل کے کرایوں میں چلا جاتا ہے کیوں نہ اس کو بچایا جائے اور اپنے لئے مستقل مکان بنالیا جائے مگر جیسا کہ آپ دیکھ رہے ہیں مکان ابھی زیر تعمیر ہے، جب کہ میں نے یہ مکان 'داتا' کے زمانے میں شروع کیا تھا مگر ابھی تک مکمل نہیں ہو سکا۔ دراصل مجھ پر فلم کا نشہ اتنا سوار ہو جاتا ہے کہ میں اس کے علاوہ کچھ اور سوچ ہی نہیں سکتا۔ یہ سمجھیے کہ فلم میری 'محبوبہ' ہوتی ہے اور میں اپنا سب کچھ اس پر لگا دیتا ہوں۔

سوال: کاغذ پر کوئی بھی چیز لکھنا آسان ہے، مگر جب حقیقت کی دنیا میں اس تصوراتی دنیا کو تلاش کیا جائے تو مشکل کھڑی ہو جاتی ہے آپ اپنی کہانی میں جو لوکیشن لکھتے ہیں کیا ان لوکیشن تک پہنچ جاتے ہیں؟

جواب: میرے ذہن میں میری فلم کی پوری کہانی ہر وقت گردش کرتی رہتی ہے۔ میں اپنے تصور میں جو کچھ سوچتا ہوں ان مقامات تک پہنچنے کے لئے میں خود نکلتا ہوں چاہے وہ جگہ کتنی ہی دور دراز کیوں نہ ہو، راجستھان کی گرمی تو مشہور ہے مگر میں اس کی بھی فکر نہیں کرتا، اگر بھوک لگے تو میں سڑک کے کنارے ڈھابے میں کھانا بھی کھالیتا ہوں اور پھر جیسا کہ اللہ کا فرمان ہے: 'جو خود اپنی مدد کرتے ہیں میں اس کی مدد کرتا ہوں'۔۔۔ اس طرح مجھے مطلوبہ لوکیشنز مل جاتے ہیں۔

سوال: آپ کی ہر فلم میں ڈاکو اور گھوڑے کیوں ہوتے ہیں؟

جواب: اس لئے کہ ڈاکو اور گھوڑوں کا وجود دنیا میں موجود ہے اور پھر فلمی حساب سے ان دونوں کی وجہ سے فلم میں ایکشن کے ساتھ ساتھ GRANDEUR (شان و شوکت) بھی آجاتی ہے۔ اور اگر آپ اس تصویر کا دوسرا رخ دیکھیں تو ایسی فلمیں جن میں گھوڑے اور ڈاکو ہوتے ہیں ان کا بنانا بھی مشکل ہوتا ہے۔ اگر میں بھی دوسرے بہت سے میکرز کی طرح سوشل یا رومانی فلمیں بناؤں تو

ایسی فلمیں عموماً بنگلوں اور پارکوں میں مکمل ہو جاتی ہیں۔ بنگلے تو آسانی سے بمبئی میں دستیاب ہو جاتے ہیں، اب رہے باغات تو ان کے لئے ملک کے کسی بھی حصے میں جایا جا سکتا ہے۔

سوال: اپنی فلم کمپنی کی ہر فلم آپ خود ڈائریکٹ کرتے ہیں، کیا آپ نے کبھی کسی دوسرے ڈائریکٹر سے سلطان پروڈکشنز کی کسی فلم کو ڈائریکٹ کرانے کے بارے میں سوچا؟

جواب: میں نے اس سلسلے میں کئی بار سوچا۔ برسوں پہلے انیل گنگولی کو سائن بھی کیا تھا، وہ میرے لئے ایک سوشل فلم بنانے والے تھے کہ اسی دوران فلموں کا TREND (انداز) بدل گیا، فلموں میں ایکشن آ گیا۔ اس کے بعد روی ٹنڈن کے بارے میں سوچا مگر کسی وجہ سے بیل منڈھے سے نہ چڑھ سکی۔ اور پھر مجھے دولت کی ہوس بھی نہیں۔ لیکن اب میں سنجیدگی کے ساتھ اپنے چیف اسسٹنٹ شری کانت شرما کو ایک فلم دینے کے بارے میں سوچ رہا ہوں لیکن اس شرط کے ساتھ کہ فلم کا اسکرپٹ مکمل کر کے شرما کو دوں اور وہ اسی اسکرپٹ پر فلم بنائے۔ شری کانت شرما، ایس کے اوجھا کے چھوٹے سالے ہیں۔ تقریباً ۴۵ سال پہلے ایس۔ کے۔ اوجھا نے آصف صاحب کی فلم 'ہلچل' (دلیپ کمار، نرگس، بلراج ساہنی یعقوب) کی ہدایت دی تھی۔

سوال: آپ کی ہر فلم باکس آفس پر کامیاب رہی ہے کیا آپ اپنی زندگی کی سب سے بڑی فلم بنا چکے ہیں یا مستقبل میں بنائیں گے؟

جواب: فلم 'جے وکرانتا' کے بعد میں اپنے برسوں پرانے خواب کی تعبیر دیکھنا چاہوں گا۔ میں فلم 'صاحبزادی انارکلی' شروع کروں گا۔ جیسا کہ آپ جانتے ہیں، یہ فلم وہاں سے شروع ہو گی جہاں فلم 'مغل اعظم' ختم ہوئی تھی۔ اس فلم کے لئے مجھے دلیپ صاحب چاہیے۔ میری ان سے بات چیت بھی ہوئی تھی۔ جیسے ہی دلیپ صاحب نے او۔کے کہا، میں اپنی زندگی کی سب سے بڑی فلم شروع کر دوں گا۔

☆☆☆

ماخوذ: 'شمع'، شمارہ: مئی ۱۹۹۳ء

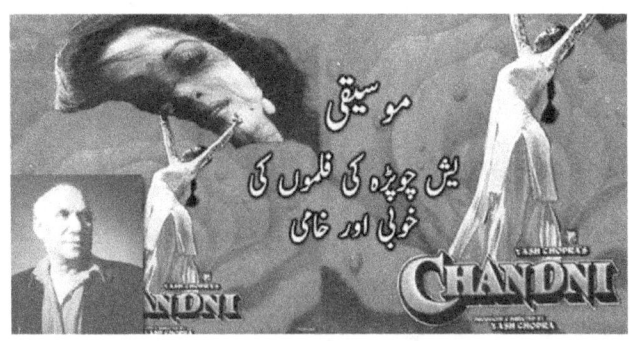

موسیقی
یش چوپڑہ کی فلموں کی
خوبی اور خامی

یش چوپڑا (پیدائش: ۲۷ر ستمبر ۱۹۳۲، لاہور - وفات: ۲۱ر اکتوبر ۲۰۱۲، ممبئی)

بالی ووڈ فلم انڈسٹری کے نامور ہدایت کار اور فلمساز رہے ہیں جن کی مقبول عام فلموں میں وقت، داغ، دیوار، کبھی کبھی، ترشول، کالا پتھر، سلسلہ، مشعل، چاندنی، لمحے، ڈر، دل تو پاگل ہے، ویرزارا وغیرہ شامل ہیں۔ اپنی فلموں میں ہمیشہ عورتوں کے کردار کو مرکزی حیثیت دینے والے یش چوپڑا کو باوقار فلمی ایوارڈ 'دادا صاحب پھالکے' سمیت کئی اہم اعزازات سے نوازا جا چکا ہے۔ ماضی میں فرانس، سوئٹزرلینڈ اور برطانیہ کی حکومت نے بھی یش چوپڑا کی فلمی خدمات کا اعتراف کرتے ہوئے اُن کی عزت افزائی کی ہے۔

یش چوپڑا اپنی فلموں کے لافانی گیتوں کے حوالے سے بھی معروف ہیں۔ بلکہ بہترین نغمے یش چوپڑا کی فلموں کا امتیاز باور کیے جاتے ہیں۔ اسی موضوع پر اپنے دور کے مشہور فلمی و ادبی رسالے 'شمع' کے ایک پرانے شمارے میں شائع شدہ ان کا انٹرویو، جو ان کی ہدایت میں بنی فلم 'چاندنی' کی ریلیز سے قبل لیا گیا تھا، فلمی نغموں کا ذوق وشوق رکھنے والے قارئین کی دلچسپی اور معلومات کی خاطر پیش ہے۔

انٹرویو : ۳
یش چوپڑہ: موسیقی جن کی فلموں کی خوبی بھی ہے اور خامی بھی

موسیقی کو روح کی غذا کہا جاتا ہے۔ ہندوستانی فلموں اور موسیقی کا رشتہ تو جسم اور جان کا رشتہ ہے۔ ہدایت کار یش چوپڑا کا موسیقی سے لگاؤ جنون کی حد تک بڑھا ہوا ہے۔ وہ نئے نغمہ نگاروں اور گانے والوں کو اپنی فلموں میں شروع سے ہی موقع دیتے آ رہے ہیں۔ اپنی پہلی ہی فلم "دھول کا پھول" میں جب یش چوپڑا نے ہدایت کار کے طور پر ذمہ داری سنبھالی تو مہندر کپور جیسے باصلاحیت گائک کو موقع دیا۔ امیتابھ بچن جیسے سپر اسٹار سے جہاں یش نے پہلی بار گانا گوایا، وہاں اپنی ایک یادگار فلم "چاندنی" کے لئے انہوں نے سری دیوی کو سب سے پہلے گانے والی کے طور پر متعارف کرایا۔

سوال: مہندر کپور کو آپ نے فلمی دنیا میں کیسے متعارف کروایا؟

جواب: آپ کو شاید یہ جان کر تعجب ہو گا کہ مہندر کپور کو محمد رفیع صاحب ہمارے پاس لے کر آئے تھے، 'دھول کا پھول' سے پہلے مہندر کپور نے 'سوہنی مہیوال' کے لئے گایا تھا، مگر وہ اس کا باضابطہ پروفیشنل گانا نہیں تھا۔ دراصل مہندر کپور کو مرفی ریڈیو مقابلے میں چنا گیا تھا اور پانچ موسیقاروں نے اس کو اپنی اپنی فلم میں ایک گانا گانے کا موقع دیا تھا۔ 'دھول کا پھول' کے لئے مہندر کپور نے پہلی بار پروفیشنل گائک کے طور پر گایا تھا۔

وہ گانا 'تیرے پیار کا آسرا چاہتا ہوں' جب فلم دیکھنے والوں نے اسے پردے پر دیکھا اور سننے والوں نے ریڈیو پر سنا تو وہ طے نہیں کر سکے کہ یہ گانا رفیع صاحب کا گایا ہوا تھا یا نئے سنگر مہندر کپور کا۔ مہندر کپور نے یہ گانا لتا منگیشکر کے ساتھ گایا تھا اور ریکارڈنگ کے بعد لتا جی نے بھی مہندر کپور کی بہت تعریف کی تھی۔ ویسے بھی لتا منگیشکر جیسی چوٹی کی گانے والی کے ساتھ پہلی بار اتنی خود اعتمادی کے

ساتھ گانا کچھ کم قابل تعریف نہیں تھا۔

سوال: مہندر کپور کے علاوہ آپ نے اور کون کون سے گائکوں کو اپنی فلموں میں موقع دیا؟

جواب: امیتابھ بچن، پامیلا چوپڑا، ومل راٹھور، جالی مکھرجی اور سری دیوی۔ ہاں 'وجے' میں بھی میں نے انوپم کھیر اور اپنے بھتیجے روی چوپڑا سے پہلی بار بچوں کا ایک گانا گوایا تھا۔

سوال: امیتابھ بچن اداکار تو بے مثال ہیں، مگر ان میں گلوکاری کی صلاحیت آپ نے کیسے بھانپ لی؟

جواب: امیتابھ نے میری فلم 'کبھی کبھی' میں کچھ اشعار پڑھے تھے ان کا انداز بہت دل نشیں تھا۔ اس کے بعد میں ایک بار ہولی کے موقع پر امیتابھ کے گھر گیا تو دیکھا کہ امیت اپنے والد ہری ونش رائے بچن کا گیت 'رنگ برسے' گا رہے تھے۔ ان دنوں فلم 'سلسلہ' زیر تکمیل تھی اور فلم میں ہولی کی ایک ایسی ہی سچویشن تھی۔ مجھے ایسا لگا کہ گیت 'رنگ برسے' اور امیتابھ کی آواز فلم سچویشن پر سونے پر سہاگہ ہو گی۔ امیتابھ 'سلسلہ' سے پہلے میری چار فلموں 'کالا پتھر'، دیوار، کبھی کبھی، اور 'ترشول' میں کام کر چکے تھے اور میرا امیت سے زبردست تال میل تھا۔ میں نے امیتابھ سے کہا: 'آپ سے اپنی فلم کے لئے ایک گانا گوانا ہے'۔

امیت چونک کر بولے: 'ارے بھائی، ایسا نہ کرو، مجھے گانا وانا کہاں آتا ہے؟'

لیکن میں نے اصرار کر کے امیتابھ کو آمادہ کر لیا، ریہرسل کرائی اور پھر 'رنگ برسے' کی ریکارڈنگ ہوئی۔ ریکارڈنگ اچھی ہوئی مگر امیتابھ کو اطمینان نہ ہوا اور گانے کو دوبارہ ریکارڈ کرانے کے لئے کہنے لگے۔ اس طرح ہم نے دو دن بعد پھر رنگ برسے ریکارڈ کیا اور اس بار گانا پہلے سے زیادہ اچھا ہوا۔

فلم 'سلسلہ' میں ایک اور گیت 'یہ کہاں آ گئے ہم' میں بھی بیچ بیچ میں امیتابھ کی آواز ہم نے استعمال کی اور یہ سارے تجربے بہت کامیاب رہے۔ امیتابھ آج جب کبھی اسٹیج پر گاتے ہیں تو 'رنگ برسے' ضرور گاتے ہیں۔

سوال: اپنی بیوی پامیلا چوپڑا سے آپ نے پہلی بار کس فلم میں گوایا؟

جواب: ہیم نے پہلی بار میری فلم 'دوسرا آدمی' کے لئے ایک گیت 'خود سے جو وعدہ کیا تھا بھلایا نہ گیا' گایا تھا۔ اس کے بعد 'سلسلہ' کے لئے ہم نے ایک گانا 'میں سسرال نہیں جاؤں گی' گایا ہے۔

سوال: آپ سخت محنت کر کے گیت کو فلماتے ہیں یا ریکارڈ کراتے ہیں، پھر اسے فلم سے نکالنے کی کیا وجہ ہوتی ہے؟

جواب: وجہ تو ایک ہی ہوتی ہے، گانا فلم کی روانی اور تسلسل میں جب موزوں نہیں بیٹھتا تو اسے نکالنا پڑتا ہے۔ فلم 'دیوار' سے دو گانے نکالے گئے تھے۔ ایک تو ہم نے فلما بھی لیا تھا، مگر نکالنا پڑا تھا۔ دیوار کے لئے ساحر لدھیانوی کا لکھا ہوا ایک ٹائٹل گیت 'دیواروں کا جنگل آبادی جس کا نام' تو اس قدر عمدہ تھا کہ مجھے اس گیت کو فلم میں نہ رکھنے کا ملال آج تک ہے۔
فلم 'ترشول' میں بھی ایک گانا جو ہم ششی کپور اور ہیما مالنی پر فلمانا چاہتے تھے، نہیں فلما سکے۔ یہ گانا ہم نے کشور کمار اور آشا بھونسلے سے گوایا تھا، لیکن ریکارڈنگ کے بعد فلمایا نہیں گیا، 'کبھی قسمیں نہ توڑیں گے' اس گیت کے بول تھے اور یہ بھی ایک عمدہ گیت تھا۔

سوال: گیت کاروں میں آپ نے پہلی بار کسے چانس دیا ہے؟

جواب: جاوید واحد گیت کار ہیں جنہیں پہلی بار میں نے گانا لکھنے کا موقع دیا۔ 'سلسلہ' ہی وہ فلم تھی جس کے لئے جاوید نے تین گیت 'دیکھا ایک خواب۔۔۔'، 'یہ کہاں آ گئے ہم' اور 'نیلا آسماں' لکھے تھے۔

سوال: کیسے گیتوں کی فلم بندی میں آپ کو زیادہ دشواریوں کا سامنا کرنا پڑتا ہے؟

جواب: جن میں کچھ خاص احساسات، کچھ گہرے جذبات ہوتے ہیں۔ جب ہمیں 'دیکھا ایک خواب' فلمانا تھا تو امیتابھ نے کہا کہ گانے میں ایک سطر ہے: 'دور تک نگاہ میں ہیں گل کھلے ہوئے' اور مجھے سنتے ہی ایسا لگتا کہ آنکھوں میں دور تک میلوں پھول ہی پھول کھل اٹھے ہیں۔ اس گیت کو تو ایسی لوکیشن پر فلمانا چاہئے جہاں میلوں تک سچ مچ پھول ہی پھول کھلے ہوں۔ اس لئے ہم یہ گیت فلمانے کے لئے ایمسٹرڈم گئے جہاں پھولوں کے باغوں میں ہم نے اس گیت کو فلمایا۔ کبھی کبھی گیتوں کے

پکچرائزیشن میں ہمیں ایسی مصیبتوں سے بھی دوچار ہونا پڑا جن کا ہم تصور بھی نہیں کر سکتے تھے۔
فلم 'وقت' میں ہم کو ایک ڈریم سیکوئینس (خواب کا منظر) فلمانا تھا۔ 'ہم نے اک خواب سا دیکھا ہے'، یہ خوابی منظر ہمیں ششی کپور اور شرمیلا پر فلمانا تھا۔ ادھر سیٹ لگ رہا تھا اور ادھر گانے کی ریکارڈنگ کی تیاریاں ہو رہی تھیں کہ سنے میوزیشنس کی ہڑتال ہو گئی، میوزیشنس کے ساتھ گانے اور گانے والیوں نے بھی ریکارڈنگ بند کر دی، ہمارا سیٹ لگ چکا تھا اور آرٹسٹوں کی تاریخیں بھی ہمارے پاس تھیں، مگر گانا نہیں تھا۔ اب کیا کریں؟ شوٹنگ نہ کریں تو لاکھوں کا گھاٹا۔ آخر موسیقار روی خود ہارمونیم لے کر بیٹھ گئے اور من موہن ڈیسائی کے ایک اسسٹنٹ ماہین وکی نے طبلہ سنبھالا۔ روی نے خود گا کر گانا ریکارڈ کیا اور کہا کہ ہڑتال کے بعد سنگر کی آواز لے لیں گے۔ اس طرح ہیروئین سادھنا کو پہلی بار کسی مرد کی آوز پر اپنے گانے کی شوٹنگ کرنی پڑی۔
اس سے بھی بڑی دشواری 'وقت' کے ہی ایک دوسرے گانے کی شوٹنگ پر شملہ میں پیش آئی۔ یہ گانا سادھنا پر پکچرائز ہونا تھا اور اس کے بول تھے:
'چہرے پر خوشی چھا جاتی ہے، آنکھوں میں سرور آ جاتا ہے۔'
یہ گانا ہم ریکارڈ کر کے لے گئے تھے، لیکن وہاں برف باری کا موسم ٹمپریچر اتنا کم تھا بیٹری فیل ہو گئی اور ہم گانا نہیں بجا سکے۔ اب کیا کریں؟ لوکیشن پر پوری یونٹ موجود تھی، لیکن گانا نہیں بج رہا تھا۔ پھر میں نے گانا بجائے بغیر شوٹنگ شروع کی اور میوزک کے ٹائمنگ کو دھیان میں رکھ کر سنیل دت اور سادھنا پر گانا فلمانا شروع کیا۔ میں جب کہتا کہ برف میں لیٹ جاؤ تو دونوں لیٹ جاتے۔ جب کہتا اٹھ جاؤ تو اٹھ جاتے۔ اس طرح ہم نے ریکارڈ کیا ہوا گانا بجائے بغیر شوٹنگ کی۔

سوال: آج کل فلموں میں پہلے کی نسبت موسیقی پر کم دھیان دیا جاتا ہے۔ کیا آپ کو کبھی ایسا محسوس نہیں ہوتا کہ موسیقی آپ کی فلموں کی خامی ہے؟

جواب: خامی بھی ہے اور خوبی بھی۔ مگر آج اچھی موسیقی کے لئے نہ نغمہ نگار محنت کرتے ہیں اور نہ ایسے گانے والے ہیں جو گانے میں زندگی انڈیل دیں۔ گانے والیوں میں تو خیر لتا اور آشا ابھی ہیں،

مگر گانے والوں کا تو جیسے قحط سا پڑ گیا ہے۔
کشور کمار اور رفیع اور مکیش کے بعد ایسا لگتا ہے کہ کوئی گانے والا ہمارے پاس رہا ہی نہیں۔ ہم سچ مچ بہت خوش قسمت رہے تو جو ہمیں اپنے دور کی سب سے اعلیٰ اور مدھیر آوازیں ملیں، اور ہم نے ایک موسیقی کے دور کو جیا۔ ان دنوں گائکوں کا اپنے سر، اپنے گیت سے جذباتی رشتہ ہوتا تھا۔
مجھے یاد ہے، ایک بار ہم مکیش کے ساتھ 'کبھی کبھی' کے ٹائٹل گیت 'کبھی کبھی میرے دل میں خیال آتا ہے' کی ریکارڈنگ کی تیاریوں میں مشغول تھے تو ریکارڈنگ سے ایک دن پہلے ہی مکیش جی پر دل کا دورہ پڑ گیا۔ انہیں ہسپتال میں داخل کرا دیا گیا اور ڈاکٹروں نے کہا کہ وہ صرف آرام کریں، کسی سے زیادہ بات چیت نہ کریں، جب میں ان سے ملنے گیا تو بولے:
'مجھے پتہ چلا ہے کہ تم میرا گانا امیتابھ کی آواز میں ریکارڈ کرا رہے ہو۔ تم فلم میں چاہے اس سے گوالو، لیکن ریکارڈ پر تو میری آواز ہی رہنے دو۔ اس حسین گیت کو میں خود گانا چاہتا ہوں'۔
میں نے مکیش جی سے خاموش رہنے کو کہا اور سوچا کہ اس آرٹسٹ کو اپنے گیت سے کس قدر جذباتی لگاؤ ہے کہ اس حالت میں ہسپتال کے بستر پر پڑے ہوئے بھی گانے کے بارے میں سوچ رہا ہے۔
آج ایسی لگن اور ایسا پیار گانے کے لئے شاید ہی کسی گائک میں ہو۔

سوال: آج کل تو فلموں میں گیت کم ہوتے جا رہے ہیں، عموماً چار، پانچ اور زیادہ سے زیادہ چھ گیت ہوتے ہیں۔ لیکن آپ نے اپنی نئی فلم 'چاندنی' میں نو(۹) گیت رکھے ہیں۔۔ کیوں؟
جواب: کیوں کہ 'چاندنی' ایک میوزیکل لو اسٹوری ہے اور موسیقی اس فلم کا خاص حصہ ہے۔

سوال: سری دیوی کی آواز میں گانا ریکارڈ کرانے کا خیال آپ کو کیسے آیا؟"

جواب: بس یوں ہی دماغ میں آیا کہ سری دیوی کا گانا اسی سے کیوں نہ گوائیں۔ میں نے سری دیوی سے دریافت کیا: 'آپ تھوڑا بہت گانا گا لیتی ہیں؟'
جواب میں سری دیوی نے کہا: 'آپ دیکھ لیجئے'۔

جب گوا کر دیکھا تو محسوس ہوا کہ سری دیوی واقعی گا سکتی ہے۔ اسی لئے گانا 'چاندنی میری چاندنی' سری دیوی سے ہی گوایا اور اس نے پہلی کوشش کے حساب سے بہت اچھا گایا ہے۔

سوال: فلم 'چاندنی' کی موسیقی کیا آپ کی پچھلی فلموں سے بہتر ہے؟

جواب: جی ہاں، میری اب تک کی سب فلموں سے اچھی ہے۔ میں نے اب تک ۱۶ فلمیں ڈائریکٹ کی ہیں اور میں کہہ سکتا ہوں کہ 'چاندنی' کی موسیقی تمام فلموں سے بڑھ چڑھ کر ہے۔ سننے والوں نے بھی اسے بہت زیادہ پسند کیا ہے۔ اسی لئے اب تک 'چاندنی' کے سات لاکھ کیسیٹ تو بک ہی چکے ہیں اور امید ہے کہ جب تک فلم ریلیز ہو گی، یہ تعداد دس لاکھ کو پار کر جائے گی۔

سوال: آنند بخشی نے پہلی بار آپ کی فلم کے گیت لکھے ہیں، کیا آپ مطمئن ہیں؟

جواب: جب آنند بخشی کو ہم نے 'چاندنی' کے گیت لکھنے کے لئے چنا تو انہوں نے کہا تھا:

'آپ نے ساحر جیسے شاعر کے ساتھ کام کیا ہے، مجھے بہت اچھا کام کرنا پڑے گا'۔

اور مجھے خوشی ہے کہ آنند بخشی نے جو کہا تھا، کر دکھایا ہے۔ انہوں نے سچ مچ فلم کی موسیقی میں ڈوب کر گیت لکھے ہیں۔ ایک بار وہ مہابلیشور سے لوٹے تو کہنے لگے:

میں گھاٹ اتر رہا تھا تو مکھڑا مل گیا:

'تو مجھے سنا میں تجھے سناؤں اپنی پریم کہانی'

یہ ایک ایسی مشکل سچویشن پر ہے جہاں دونوں ہیرو ونود کھنہ اور رشی کپور اپنی اپنی محبوبہ کے بارے میں گا کر بتاتے ہیں اور دونوں کو یہ پتہ نہیں کہ ان کی محبوبہ ایک ہی (سری دیوی) ہے۔ اسی طرح ایک دن میرے موسیقار شیو ہری دھن سیٹ کر رہے تھے کہ آنند بخشی آگئے اور بولے:

'میں نے ابھی ابھی راستے میں مکھڑا سوچا ہے:

'آ میری جان میں تجھ میں اپنی جان رکھ دوں'

جب شیو ہری نے سنا تو حیران رہ گئے، کیوں کہ اسی مکھڑے پر ان کی دھن بالکل موزوں تھی۔

ایک دوسرا گیت بھی 'شہروں میں شہر سنا تھا دلی' بھی آنند بخشی نے ہسپتال کے بستر پر تیار کیا تھا۔ جب ڈاکٹروں نے انہیں لکھنے پڑھنے اور سوچنے سے منع کر رکھا تھا۔ حقیقت میں 'چاندنی' کے گیت، سنگیت کے لئے ہماری ٹیم نے بہت محنت اور لگن کے ساتھ کام کیا ہے اور مجھے یقین ہے کہ فلم کے گیت، سنگیت کو لوگ برسوں تک نہ بھول سکیں گے۔

☆ ☆ ☆

ماخوذ: 'شمع'، شمارہ: ستمبر ۱۹۸۹ء

گلزار (اصل نام: سمپورن سنگھ کلرا۔ پیدائش: ۱۸/ اگست ۱۹۳۴ء، دینہ، پنجاب، پاکستان) کے خاندانی پس منظر میں فن کی جھلک دور دور تک نظر نہیں آتی، اس کا گھرانا بیوپاریوں کا گھرانا تھا۔ مگر گلزار کو تجارت میں کوئی دلچسپی نہ تھی۔ نتیجہ وہی ہوا جو ہونا تھا۔ گھر والوں نے اسے نکما قرار دے ڈالا۔ وہ شاعری کرتا تو گھر والے کہتے کہ کیا بے کار کا روگ پالا ہے۔ انہوں نے اسے 'سدھارنے' کی بہت کوشش کی مگر وہ کس طرح سیدھے راستے پر نہ آیا۔ تھک ہار کر انہوں نے اسے بمبئی بھیج دیا، جہاں اس کے بھائی کا کچھ کاروبار تھا۔ ان کا خیال تھا کہ دہلی کی ناگوار اور ناقابل برداشت صحبت سے دور ہو جانے پر وہ ضرور 'سدھر' جائے گا۔ مگر گلزار تو طرح طرح کی صلاحیتوں کا خزانہ رہا ہے۔ محنت میں وہ چیونٹی کو مات دے سکتا ہے، صبر میں کسی رشی منی کو۔ اپنے وقت کو اس نے کئی خانوں میں بانٹ رکھا ہے۔ وہ کمرشل چاٹ کی ڈائریکشن دیتا ہے اور اس کے ساتھ فنانس کی جستجو میں بھی رہتا ہے۔ وہ بھی اس شرط پر کہ اسے پوری آزادی حاصل رہے اور جیسی فلم وہ بنانا چاہتا ہے ویسی ہی بنائے۔ اس کی کچھ کمرشل فلموں نے دولت کے ڈھیر بھی بٹورے ہیں، لیکن اس کے ساتھ کچھ ذہنوں میں یہ سوال بھی اٹھتا ہے کہ کہیں وہ کمرشل بھول بھلیاں میں کھو کر فن کی سدھ بدھ تو نہیں گنوا بیٹھا ہے؟

انٹرویو : ۴

گلزار: جن کی فلموں سے خون نہیں ٹپکتا

سوال: آپ کے ادبی شوق اور مشغلوں پر آپ کے گھر والوں کو اعتراض کیوں تھا؟

جواب: ان کی نظر میں شعر و شاعری، لٹریچر، نظمیں، سب فضول چیزیں تھیں۔ ان سب کو وہ حقارت کی نگاہ سے دیکھتے تھے۔ ان کا کہنا تھا: یہ سب بے کاروں کے مشغلے ہیں۔ ان سے حاصل کیا ہوتا ہے؟ مشاعروں میں کلام پڑھنے یا ادبی محفلوں میں نظمیں سنانے سے کنگالی کے سوا کیا ہاتھ لگے گا؟ مگر وہ جو کہتے ہیں کہ پابندیوں سے اپج کو اور بھی بڑھاوا ملتا ہے، وہی میرا حال تھا۔ ویسے ادب کے سلسلے میں میرے پاس نہ زیادہ علم تھا، نہ مہارت۔ لیکن خالی ٹیکنیکی مہارت کتنی ہی زیادہ کیوں نہ ہو، کسی کو بڑا ادیب نہیں بنا سکتی۔ ادیب کو تو زندگی راہ دکھاتی ہے، زندگی کے بارے میں اس کا اپنا تصور، اس کا اپنا خواب راہ دکھاتا ہے۔

خوش قسمتی سے یہ سرمایہ میرے پاس تھا، جو کچھ میں لکھتا تھا، لاشعور سے از خود ابھر ابھر کر آتا ہے۔ خوف اس کائنات کی بنیاد ہے۔ وجود کے بے معنی اور بے مقصد ہونے کا احساس دل میں جو سہمی سہمی سی کیفیت پیدا کرتا ہے، وہ ساری کائنات کو اپنی لپیٹ میں لئے ہوئے ہے۔ کچھ لوگ پناہ کی خاطر کسی ایسے فلسفے کے سائبان میں چھپ جاتے ہیں جو انہیں ورثے میں ملا ہو۔ وہ اس فلسفے کو ایک سچائی، ایک حقیقت مان لیتے ہیں۔ لیکن اگر جنت صرف خیالی اڑان کا نام ہے تو ہم سب ایک صحرا میں بے مقصد بھٹک رہے ہیں، چاہے ہم کتنے ہی کارنامے کر گزریں، کسی کو بھی اپنا آدرش ٹھہرالیں، کچھ بھی اپنی منزل کے طور پر مان کر موت کی طرف بڑھتے رہیں۔ مجھے تو ایسا لگتا ہے کہ بازی کے سارے پتے ہمارے خلاف ہیں، مات ہمارا مقدر ہے۔ جیت اگر ہے تو صرف اس حد تک کہ ہم اس صورت

حال کو کس انداز سے قبول کرتے ہیں؟

سوال: تو گھر والوں نے آپ کے ادبی میلانات کو خبط قرار دے کر بمبئی بھیج دیا، پھر یہاں آنے کے بعد آپ پر کیا بیتی؟

جواب: پڑھائی میں لگا رہا۔ مگر انٹر پاس نہ کر سکا۔ تاہم میں نے یہ بات کسی کو بتائی نہیں۔ بلکہ گھر والوں کو یہ باور کرانے کے لئے کہ میں پاس ہو گیا ہوں، میں نے مٹھائی بھی بانٹی۔ یہ ۱۹۵۰ء کی دہائی کے شروع کی بات ہے، کہ میں گھر سے نکل کھڑا ہوا اور بمبئی میں ورسوا میں ایک دوست کے یہاں رہنے لگا، اس کے ساتھ ہی میری زندگی میں جدوجہد کا دور شروع ہو گیا۔ ورسوا ان دنوں ایک بیابان جنگل کا نام تھا۔

سوال: ان دنوں آپ کو راستہ کون دکھاتا تھا؟ فیصلے کرنے میں مدد کون دیتا تھا؟

جواب: میرا اپنا وجود۔ میں ہمیشہ سے جیتنے کے حق میں رہا ہوں۔ جیتنے والے کا طرفدار رہا ہوں۔ لیکن اس کے ساتھ میرے دل میں ان لوگوں کے لئے ہمدردی اور محبت بھی ہے، جو جیتنے کے لئے بنے ہی نہیں ہیں، جو کھو جاتے ہیں، ہار جاتے ہیں، جو اس جنگل کے لئے اجنبی ہیں جسے دنیا کہا جاتا ہے، جو سب سے الگ ہیں یا کسی پہیلی کی طرح مشکل ہیں، یا بے حد حساس، بے حد نازک روحیں، یا جنہیں جنگل کے لئے درکار پنجے اور ناخن اور دانت نہیں ملے ہیں۔

میں ہمیشہ ایک ہی مشترک کیفیت سے۔۔۔ تنہائی سے بولتا رہا۔ میری ہمیشہ یہی آرزو رہی کہ اپنی تنہائی کی ماری ذات کے خول کو توڑ کر باہر نکلوں، کسی دوسرے کو چھو کر، اس کے دل میں اتر کر دیکھوں۔ بعد کے برسوں میں مینا کماری کے ساتھ میرا یہی رشتہ رہا۔ میرا خیال ہے جہنم ہر اس شخص کا مقدر ہے جو دوسروں سے مکمل بے پروائی اور بے نیازی برتے۔ میں میناجی کا ہو کر رہ گیا۔ ان کے ساتھ بیتا ہوا وقت میرے لئے اپنی ذات کے حصار کو توڑ کر آزادانہ اڑان بھرنے کا وقت تھا۔ ایسی صورت میں آدمی اپنی ہستی کو اٹھا کر ایک طرف رکھ دیتا ہے اور دوسرے کے احساسات کو پوری

شدت کے ساتھ محسوس کرتا ہے۔

سوال: فلم کار کے طور پر آپ کیسے آگے بڑھے ؟

جواب: میں انجمن ترقی پسند مصنفین میں شامل ہو گیا۔ وہاں مجھ پر کرشن چندر، علی سردار جعفری اور کیفی اعظمی کا بہت گہرا اثر پڑا۔ کیفی صاحب خاص طور سے، سب ہی ابھرتے ہوئے نوجوان ادیبوں کی سرپرستی کرتے تھے۔ میرے لئے وہ دور بے پناہ اندرونی کشمکش کا دور تھا۔ میری پرورش اخلاقی جکڑ بند کی دھجیاں اڑانے پر تلا رہتا ہے۔ چونکانے میں مجھے لطف آتا تھا۔ صدمہ پہنچانے میں مجھے خوشی ملتی تھی۔ شاید یہ میلان میرے مزاج، میری سرشت میں شامل تھا، جی یہی چاہتا تھا کہ 'ان' پر کسی بھی طرح۔۔۔ کسی بھی شے سے وار کرو۔ اور "ان" میں شامل تھا، سارا درمیانی طبقہ جو خود فریبی کی دھند میں لپٹا رہتا ہے اور اپنے بنیادی محرکات کا سامنا کرنے سے دامن بچاتا ہے۔

سوال: آپ نے فلموں کو میڈیم کے طور پر کیوں چنا؟

جواب: بنیادی طور پر تو یہ صرف جینے اور باقی رہنے کا مسئلہ تھا۔ اردو ادیبوں کو عموماً برائے نام ہی معاوضہ ملتا ہے۔ پھر ان دنوں تو ایک زبان کی حیثیت سے اردو کا اور بھی برا حال ہو رہا تھا اور مجھے بہر طور بھوک اور فاقے کو اپنے در سے دور رکھنا تھا۔ خوش قسمتی سے فلم انڈسٹری میں میرے کچھ دوست موجود تھے۔ ان میں سے کچھ سے تو بہت پرانی دوستی تھی، جیسے باسو بھٹاچاریہ، رگھوناتھ جھلانی اور دیبو سین سے۔ شلیندر سے بھی دوستانہ مراسم تھے۔ ان کے علاوہ بمل رائے گروپ، سلیل چودھری اور دوسروں سے بھی خاصی جان پہچان تھی۔ اس لئے فلموں نے اپنی طرف کھینچ لیا اور میں ۱۹۶۱ء میں بمل دا کے ساتھ ہو لیا۔

بمل دا کے لئے میرا پہلا گیت "میرا گورا انگ لئی لے" تھا، اس سے پہلے میں وشواس موٹرز نام کے گیرج میں میکنک کا کام کیا کرتا تھا اور کاروں کی مرمت، رنگ و روغن وغیرہ میں اپنا ہنر دکھاتا تھا۔ یہ تھی اردو ادیبوں کی حالت!

خیر، بمل دا کے گروپ میں شامل ہونے کے بعد ایس ڈی برمن سے میری جان پہچان ہوئی، ان دنوں میں ایک بنگلے کے آؤٹ ہاؤس ملازموں کے رہنے کے لئے بنے ہوئے کوارٹر میں رہتا تھا۔ یہ بنگلہ کرشن چندر نے لے رکھا تھا۔ بمل دا نے اسی زمانے میں فلم "اس نے کہا تھا" مکمل کی تھی اور وہ "کابلی والا" شروع کرنے والے تھے۔ میں ان کا اسسٹنٹ بن گیا۔ تنخواہ ۲۵۰ روپے ماہانہ تھی۔ بمل دا مالی دشواریوں میں پھنسے ہوئے تھے۔ عوام کا ذوق بدل جانے کے باعث ان کی فلمیں کامیاب نہیں ہو رہی تھیں۔ یہاں تک کہ "کابلی والا" بھی ناکامی سے دوچار ہوئی۔ اس کے بعد "پریم پتر" اور "بندنی" کا بھی یہی حشر ہوا۔ بمل دا کا دل بجھ کر رہ گیا اور انہوں نے یونٹ ختم کرنے کا فیصلہ کر لیا۔ ہم سب کو بہت صدمہ ہوا، ان کے بینر کو قائم رکھنے کے لئے ہم نے تہیہ کر لیا کہ ان کے لئے بلا معاوضہ کام کریں گے۔ اس طرح "سہارا" شروع ہو گئی، مگر پھر بمل کو بیماری نے آگھیرا اور سہارا رشی کیش مکرجی نے مکمل کی۔ اب اس کا نام بدل کر "چیتالی" رکھ دیا گیا تھا۔ "چیتالی" کے بعد ہم نے "دو دونی چار" شروع کی۔ اس کے ڈائریکٹر دیبو سین تھے۔ یہ فلم اسی وقت مکمل ہو سکی جب یونائیٹڈ پروڈیوسرس گروپ وجود میں آگیا۔ اس فلم کے لئے میں نے اسکرپٹ بھی لکھا تھا، مکالمے بھی اور گیت بھی۔ مگر فلم اطمینان بخش نہ بنی۔ ان ہی دنوں مجھ پر ڈائریکشن کی دھن سوار ہو گئی۔ میگا فون سنبھالنے کا پہلا موقع مجھے فلم "میرے اپنے" کے ذریعہ ملا۔

سوال: کیا آج کل فلموں کا معیار بہت پست نہیں ہو گیا ہے؟

جواب: ہوا تو ہے، آج کل کی فلموں میں فن کارانہ اظہار کم ہی دیکھنے کو ملتا ہے، تاثر کی بھی کمی ہوتی ہے۔ بندھے ٹکے راستے پر چلتے چلتے ہمارا سنیما پتھر کی طرح جامد اور بے اثر بننے کے خطرے سے دوچار ہے۔ آرٹ ہماری فلموں میں عموماً شامل ہی نہیں ہوتا۔ آج کی فلمیں صرف تڑک بھڑک اور بھونڈی سجاوٹ ہیں۔ کچھ احمقانہ ہنسی مذاق، کچھ جسم کی رعنائیوں میں تاک جھانک اور بس! وہ فن کارانہ توازن کہیں نہیں جو زندگی میں ہے، انسانی رشتوں میں ہے، محبت میں ہے۔

سوال: پھر آپ کے خیال میں کس طرح کی فلمیں بنی چاہئیں؟

جواب: آج یہ ضروری ہے کہ کچھ اور ہی باتیں فلمائی جائیں، کسی اور ہی رنگ میں فلمائی جائیں۔ ان تمام اسٹوڈیو سے دامن بچایا جائے جو قیمتی ہیں، بے قرینہ ہیں، صحت کے لئے مضر ہیں۔ برقی روشنیوں کے مقابلے میں دھوپ کہیں زیادہ سستی ہے۔ ایک ادھار مانگا ہوا کیمرہ ہو، ایک دوست کا فلیٹ ہو، رولز ادا کرنے کے لئے دوستوں کا جھرمٹ ہو، اور سب سے بڑھ کر سنیما کے لئے جنون ہو۔ ایسا جنون جو مستقبل کی راہ میں کھڑی ہوئی ساری رکاوٹوں کو ملیامیٹ کر دے۔

یہ محض جواب نہیں ہے، نیت اور ارادے کا انقلاب شروع بھی ہو چکا ہے۔ آج ہم پرانے لیبلوں پر روایتی موضوعات پر بھروسا نہیں کر سکتے۔ ہمیں فلم کو اپنی ذات کے اظہار کا وسیلہ بنانا ہے۔ ایسے اظہار کے لئے ہمیں پوری طرح آزاد رہنا ہے۔۔۔ ہر مصیبت ہر جھکاؤ سے آزاد، ٹیکنک کی پرانی جکڑ بند سے آزاد، ہر شے سے آزاد، صرف ہمارے حوصلے اونچے رہیں، نیت میں فن کے لئے مکمل خلوص ہو اور جنون کی حد کو چھوتا ہوا عزم۔

سوال: اگر واقعی ایسا انقلاب شروع ہو چکا ہے تو پھر آپ کی فلموں 'اجازت' اور 'لباس' کو خریدار کیوں نہیں ملتے؟

جواب: کیوں کہ کچھ گمراہ لوگ مجھے عشق کا مارا سودائی سمجھ بیٹھے ہیں۔ میری فلموں سے خون نہیں ٹپکتا، ان میں مار دھاڑ اور تشدد کی ریل پیل نہیں ہوتی، بناوٹی جذبوں کی نمائش نہیں ہوتی۔ مجھے تو اپنی فلموں میں وہ شے رچانے کی آرزو ہوتی ہے جو ڈرامے کا دل ہے، اس کی روح ہے، یعنی جذبوں کی طوفانی شدت۔ پھر میں خیالات اور تصورات کی تشکیل جس باریک بینی اور ہوشیاری کے ساتھ کرتا ہوں، کچھ آوازیں اس کی مخالفت میں بھی سنائی دیتی ہیں۔ میں کاروباری اعتبار سے اس لئے کم کامیاب رہتا ہوں کہ میں ڈرامے میں خیالات پیش کرتا ہوں اور ان خیالات سے جذبے کی طوفانی شدت کو نچوڑ کر ان کو بے روح نہیں بناتا۔

مجھے یقین ہے کہ میں نے ہندوستانی فلموں میں ایسے کردار سموئے ہیں جن کا زندگی کی گرمی سے بھرا ہوا وجود تماشائیوں کی یادوں کی حویلی میں مدتوں رواں دواں رہے گا۔ میں چاہتا ہوں کہ میرے

مکالموں میں بھی ایسا اشاراتی راگ ہو جو سمجھ میں بھی آئے اور روز مرہ کی بات چیت کے بے رس، بے ربط آہنگ سے دور بھی رہے۔ کبھی یہ مکالمے گرما گرم، بیانیہ، قیامت کو اپنے دامن میں چھپائے ہوئے ہیں، کبھی پت جھڑ کے راگ کی طرح الم ناک ہیں۔ میں ایسے کرداروں کا قائل نہیں جو ارادی طور پر خود کو تباہ کرنے پر تلے رہیں۔ میرے کردار مایوسی کی دھند میں اور اس کے پار جینے کی امنگ سے سرشار رہتے ہیں۔

سوال: لیکن کیا ناکامی سے آپ کو کبھی ڈر نہیں لگتا؟

جواب: کبھی کبھی یہ احساس ضرور ہوتا ہے کہ میں سب سے کٹ کر اکیلا رہ گیا ہوں لیکن میں اپنی روش نہیں بدل سکتا۔ بچکانہ قسم کی فلمیں بنانا میرے لئے ممکن ہی نہیں ہے۔
میرے کرداروں کو ہر حال میں رویوں پر وار کرنا ہے، جذبے کو صحیح رنگوں پر دھاوا بولنا ہے، میری علامتوں کو بہر طور پھولوں پر منڈلاتی ہوئی مکھیوں کی طرح گنتی میں بڑھتے جانا ہے اور ان ہی کی طرح اس عمل میں ہوش سے کام نہیں لینا ہے۔
میرا آرٹ اندر کی دنیا میں جھانکتا ہے، خود آرٹسٹ کی انا کا جائزہ لیتا ہے۔ اس حد تک کہ سارا منظر فریب نظر یا خواب یا گڈمڈ تصورات کی دنیا آباد کرتا دکھائی دے۔ میری کچھ ناکامیوں نے مجھے اپنے اندر جھانکنے کی راہ پر بھی لا کھڑا کیا ہے اور اگر میں اپنے ہی اندر سمٹ کر نہیں رہ گیا ہوں تو اس کا سبب وہ امنگ ہے جو ہر آن مجھے تماشائیوں سے قریب تر ہونے اور ان کے دلوں کو چھونے کے لئے اکساتی رہتی ہے اور اس طرح میں اپنی ذات سے باہر نکلنے کے چھپے ہوئے لمحہ کو پا لیتا ہوں۔

☆☆☆

ماخوذ: 'شمع'، شمارہ: فروری ۱۹۸۸ء

محمد یوسف خان (پیدائش: ۱۱/ دسمبر ۱۹۲۲، پشاور)

المعروف **دلیپ کمار** بالی ووڈ فلمی صنعت کے افسانوی اداکار رہے ہیں۔ دوردرشن انڈیا کے ایک انٹرویو میں انٹرویو نگار نے بتایا کہ دلیپ صاحب کے ۵۰ سالہ فلمی کیریئر میں ان کی ۴۹ فلمیں ریلیز ہوئیں اور آج بھی وہ کامیاب ترین ہیرو کی امیج برقرار رکھے ہوئے ہیں۔ ان کی قسمت پر دوسروں کو رشک آتا ہے۔ اس عظیم اداکار کی شخصیت کا مطالعہ اگر اس کے تمام کیریئر کے پس منظر میں کیا جائے تو معلوم ہوگا کہ اس نے اپنا مقام انتھک محنت، انہماک، خلوص، انسان شناس تجربات و مشاہدات نیز ادب و فلسفہ و تاریخ کے گہرے اور وسیع مطالعہ کے ذریعہ حاصل کیا ہے۔

رسالہ 'شمع' کے ایک انٹرویو میں دلیپ کمار نے بمبئی کے شیرف کی حیثیت سے اپنے تاثرات سے آگاہ کیا تھا۔ واضح رہے کہ حکومت مہاراشٹرا نے انہیں "شیرف آف بمبئی" کے عہدہ پر ۱۹۸۰ تا ۱۹۸۱ فائز کیا تھا۔

انٹرویو : ۵

دلیپ کمار: شہرت آدمی کی شخصیت کے لیے امتحان ثابت ہوتی ہے

مارچ ۱۹۹۴ء کے دوران دور درشن ٹی وی (جے پور) کا ریکارڈ کیا ہوا فلم اداکار دلیپ کمار کا ۵۵ منٹ کا انٹرویو دکھایا گیا تھا جس کی تلخیص ماہنامہ "انشاء (کلکتہ)" کے شمارہ: ستمبر/اکتوبر ۲۰۲۱ء میں پیش کی گئی۔ اسی انٹرویو کے چند سوال جواب ذیل میں درج ہیں۔

سوال: آپ کے نزدیک کامیابی کا تصور کیا ہے؟

جواب: چیلنجوں کا سامنا کرتے چلے جایئے اور تدبیر سے تقدیر بناتے جایئے۔ دلیپ کمار نے انٹرویو میں عصر حاضر کے بعض سلگتے مسائل پر گمبھیر انداز میں روشنی ڈالی۔ ان کے خیال میں اس وقت فرد اور قوم کے سامنے انوکھی آزمائشیں کھڑی کر دی گئی ہیں۔ فلمی وسیلے سے ہو یا ثقافتی و سیاسی وسیلے سے ہو، ہندوستانی کردار پر بھرپور یلغار جاری ہے اور ہندوستانیت کو تاراج کیا جا رہا ہے۔ کوئی تعمیر ہو، عمارت ہو، جس کا مسلمہ ثبوت تاریخ فراہم کرتی ہو، وہ وطن کا ناز ہے، اس کی حفاظت کی جانی چاہیے نہ کہ اسے توڑ کر وحشت اور بربریت کے اسباب پیدا کر دئے جائیں۔

سوال: انسانیت کے مٹتے ہوئے اقدار پر لوگوں کو غور و فکر کی دعوت آپ کیسے دیں گے؟

جواب: ٹکنالوجی اور سائنس کی پیش رفت ترقی یافتہ معاشروں کو کہاں سے کہاں لے گئی۔ انسان چاند کو فتح کر کے زمین پر لوٹ آیا لیکن ہم کہاں ہیں؟ ہم کیسے ہیں کہ ہمیں دھکیل کر چار سو سال اور ہزاروں سال پیچھے کر دیا گیا۔ ہماری تہذیب، ہمارے کلچر اور ہمارے معاشرے کی شناخت ہم سے چھین لی گئی۔ ہمارے معاشرے میں ہر طرف مجرمانہ اور اخلاق سوز رجحانات پنپ رہے ہیں۔ درندہ

درندے کے لئے اتنا خطرناک نہیں جتنا آدمی آدمی کے لئے خطرناک بنتا جا رہا ہے۔ پڑوسی کے ہاتھوں پڑوس کے گھر کو آگ لگوائی جا رہی ہے۔ ان منصوبوں کے لکھنے والے کون ہیں؟ کوئی عورت، کوئی انسان ان بے رحموں کے ظلم و ستم سے مر جائے ان کے منہ سے کبھی افسوس کا ایک جملہ نہیں نکلے گا۔ وہ کبھی نہیں کہیں گے کہ ہمیں افسوس ہے۔ کیونکہ واقعی انہیں اس کا افسوس نہیں ہوتا۔ انہیں خون کی ہولی کھیل کر اقتدار کی کرسی پر قبضہ جمانا ہے۔ وہ اس بات سے متاثر نہیں کہ سارے مذاہب اپنے مقصد میں ایک ہیں اور پیغام کے لحاظ سے ایک ہی بات کی تبلیغ کرتے ہیں۔ کوئی بھی مذہب ہو اس کا مشن انسان کے اخلاق کی درستگی اور انسانی عظمت کے سوا کیا ہے۔ قرآن کی رو سے یہ ثابت ہے کہ امت مسلمہ سے پہلے دیگر امتوں میں پیغمبر اور ہادی بھیجے گئے اور ان سب پر ہمارا ایمان ہے۔ اگر ہم اپنے معاشرے کی اصل اقدار کی پاسداری کرنے میں ناکام رہیں تو ہمارے لئے قرآن کریم میں خدا کی یہ تنبیہ موجود ہے کہ ہم تمہیں آناً فاناً صفحۂ ہستی سے نابود کر دیں گے۔ لہذا ہم اگر اب نہ سنبھلے تو ہماری یادگار کچھ کھنڈر رہ جائیں گے۔ اس زمین پر پہلے سے بہت سارے کھنڈر موجود ہیں جو زبان حال سے اپنا قصہ سنا رہے ہیں اور جنہیں دیکھ کر ہم عبرت حاصل کر سکتے ہیں کہ جن قوموں کی یہ نشانیاں ہیں وہ کبھی بام عروج پر تھیں لیکن ان کے اعمال نے انہیں ٹھکانے لگا دیا۔ دلیپ کمار نے اس افراتفری اور مایوس کن صورت حال کے لئے ملک کے موجودہ سیاسی نظام اور سیاسی روش کو ذمہ دار ٹھہرایا۔

سوال: آپ فنکاروں کی شہرت کو کس حوالے سے دیکھتے ہیں؟

جواب: مشہور ہونا اچھی بات ہے لیکن شہرت آدمی کی شخصیت کے لئے امتحان بھی ثابت ہوتی ہے۔ بعض لوگ بے حساب شہرت پا کر ایک قسم کے غرورِ بے جا میں مبتلا ہو جاتے ہیں۔ صحیح ہے کہ کوئی مشہور آدمی یہ نہیں بھول سکتا کہ وہ مشہور ہے لیکن کوئی کتنی ہی بلندی پر کیوں نہ پہنچ جائے اسے اپنی شہرت سے مرعوب ہونے اور اپنی ہی شخصیت کا گہرا تاثر لینے کی غلطی سے بچنا چاہئے ورنہ اس سے ایک انوکھا خلل یا بحران پیدا ہو سکتا ہے جس سے نمٹ پانا سخت مشکل ہوتا ہے۔ اپنی ہی شخصیت سے

ٹھیک ٹھیک ڈیل (DEAL) نہ کر پانے والوں کے ضمن میں دلیپ کمار نے گرودت اور دویا بھارتی (جس کا انہوں نے نام نہیں لیا) کی مثالیں پیش کیں۔ گرودت اپنی شہرت اور کردار کے بیچ اعتدال قائم نہیں رکھ پائے۔
دویا بھارتی (وفات: ۵/اپریل ۱۹۹۳) کا واقعہ تو بالکل تازہ ہے۔ وہ ایک کمسن اداکارہ تھی۔ بس اچانک آسمانِ شہرت پر جا پہنچی جس سے اس کی شخصیت میں ایک خلا سا پیدا ہوا جسے سمجھنا اور عبور کرنا اس کے لئے ممکن نہ ہو سکا اور ایک دن وہ چھت سے کود کر مر گئی۔ ہالی ووڈ کی ایکٹریس مارلن مینرو بھی اپنی ذات کی تفہیم میں ناکام رہی اور اپنی پرسنلیٹی سے ایڈجسٹ نہیں کر پائی۔ آخر اس نے نیند کی گولیاں کھا کر خودکشی کر لی۔ چنانچہ شہرت اور شخصیت میں ایک توازن اور عناصرِ فطرت میں ایک ترکیب بنائے رکھنا اور خدا کی بڑائی اور اس کے آگے اپنے عجز کو تسلیم کرتے رہنا ضروری ہے۔
اگر ہم اپنے آپ میں بہت زیادہ محو نہ ہو جائیں، اس کے برعکس سماج کے محروم اور معذور افراد مثلاً نابیناؤں، لنگڑوں، مفلوجوں اور اس طرح کے دیگر لوگوں کے مستند اداروں یا سماج سدھار اور فروغ تعلیم کی انجمنوں میں دلچسپی لیں تو اس سے ہمارے اندر غرور کے بجائے انکسار پیدا ہوتا ہے اور اچھا انسان بننے کی توفیق کو جلا ملتی ہے۔ ایسے مشاغل سے معاشرے کا ایک نیک مقصد بھی پورا ہوتا رہتا ہے اور آدمی کی پرسنلٹی میں اعتدال بھی قائم رہتا ہے۔

ماہنامہ 'شمع' دہلی کے شمارہ: اکتوبر ۱۹۸۱ء میں شائع شدہ انٹرویو

سوال: بطور شیرف آف بمبئی آپ کا تجربہ کیسا رہا؟ آپ نے کیا کارنامے انجام دئے؟

جواب: تجربہ بہت اچھا اور معلوماتی رہا۔ بلکہ ایک طرح سے بہت Rewarding تھا۔ زندگی کے بہت سے شعبوں کو قریب سے دیکھنے کا موقع ملا۔ اندھوں، معذوروں، ضرورت مندوں، مصیبت زدہ لوگوں کے لیے کام کیا جس سے دل کو سکون ملا۔ فلاحی اور سماجی بہبود کے اداروں لائنز کلب، روٹری کلب، جے۔ سیز کے ممبران کے ساتھ کام کرنے کا موقع ملا جہاں سوسائٹی کے متمول لوگ

عوام کی بے لوث خدمت کرتے ہیں۔ نیشنل اسکول آف بلائنڈز (اندھوں کی بہبود کا قومی ادارہ) کے لیے میں نے کام کیا اور اس ادارہ کا رکن بھی بنا۔ چار بیوائیں ہیں جو کبھی سرکاری افسر تھیں، ان کے پاس جو اثاثہ تھا، وہ اکٹھا کیا اور پھر انہوں نے اپنے اپنے فلیٹ بیچ کر ایک مشترکہ فلیٹ میں رہنا شروع کر دیا ہے اور اپنی ساری پونجی سے غریب اور پچھڑے طبقے کے بچوں کے لیے اسکول بنایا ہے جہاں ان بچوں کے لیے مفت تعلیم کی سہولت فراہم کی گئی ہے۔ کھانا، کپڑا، دودھ، پھل، سب کچھ مفت دیا جاتا ہے۔ اس اسکول میں ۶۰۰ بچے پڑھتے ہیں۔ ان لوگوں کے ساتھ مجھے کام کرنے کا اعزاز ملا۔ یہی میرا انعام ہے کہ غیر سرکاری اداروں کی حتی الامکان مدد کر سکا۔

شیرف کی حیثیت سے مجھے سرکاری تقریبات میں مدعو کیا جاتا تھا۔ کسی ملک کا صدر اور سربراہ مملکت یا وزیر اعظم وہاں آئیں تو ان کا استقبال بھی شامل تھا۔ لیکن لازمی نہیں ہے کہ آپ ان کے استقبال کے لیے ضرور جائیں۔

سوال: آپ اپنے دور میں کس کس کے استقبال کے لیے گئے؟

جواب: چار پانچ مرتبہ ہوائی اڈے گیا۔ ایک بار وزیر اعظم شریمتی اندرا گاندھی باہر سے آئی تھیں۔ پھر فرانس کے صدر بمبئی آئے تھے، ایک بار صدر شری سنجیوا ریڈی آئے، پھر نائب صدر شری ہدایت اللہ بمبئی آئے۔ میں ان ہی مواقع پر ائرپورٹ گیا اور بطور شیرف آف بمبئی ان کا استقبال کیا اور خوش آمدید کہا۔

یہ ضرور ہے کہ میں نے جو کچھ کیا اس کی تشہیر زیادہ ہوئی۔ اخبارات، ریڈیو اور ٹی۔ وی کے ذریعہ لوگوں تک یہ باتیں پہنچتی رہیں کیونکہ اس بار شیرف آف بمبئی کے ساتھ ساتھ دلیپ کمار کا عکس بھی تھا اور یہی شہرت کا باعث بنا۔ حالانکہ یہ سب ادارے، یہ سب لوگ برسہا برس سے عوام کی بے لوث خدمت میں ڈٹے ہوئے ہیں مگر ان کے کارناموں کا زیادہ لوگوں کو پتا ہی نہیں۔ اب دلیپ کمار کسی افتتاح پر مدعو ہے تو کہیں تقسیم انعامات کے جلسہ میں چیف گیسٹ ہے اور دھڑا دھڑ فوٹو کھینچ رہے ہیں۔ ضرورت اس بات کی ہے کہ ان لوگوں کو سراہا جائے جو خاموشی سے اس نیک کام میں

لگے ہوئے ہیں۔ میں نے بطور شیرف اپنے سال میں تقریباً چار سو تقریبات میں حصہ لیا۔ کئی بار تو دن میں چار چار پانچ پانچ جگہوں پر بھی گیا ہوں۔ ڈاکٹروں، وکیلوں، طلبا، سوشل ورکرز، غرض بے شمار قسم کے لوگوں کے سامنے بھی مجھے بولنے کا موقع ملا۔ ایک طرح وہ سال میرے لیے Educative اور Informative ثابت ہوا۔

سوال: کیا آپ اب بھی ان سب اداروں سے وابستہ ہیں؟

جواب: ہونا تو چاہتا ہوں، مگر میرے پاس اتنا وقت نہیں ہے۔ ان میں سب سے اہم نیشنل اسکول آف بلائینڈ ہے جس میں پوری دلچسپی لے رہا ہوں۔ جو لوگ مجھے کسی دکان، کسی انسٹی ٹیوٹ یا کسی تجارتی ادارے کے افتتاح کے لیے بلاتے ہیں تو میں ان سے اپنی فیس لے لیتا ہوں۔ پانچ ہزار، دس ہزار جیسی بھی جگہ ہوتی ہے اور یہ سارے پیسے نیشنل اسکول آف بلائنڈ کو دے دیتا ہوں۔ وہ لوگ آج کل نابینا طالب علموں کو ان کے مضمون اور کلاس کے سبجیکٹ ریکارڈ کر کے بھیج رہے ہیں جس میں بہت پیسہ خرچ ہوتا ہے۔ نابینا طلبہ ان ریکارڈ کیے ہوئے اسباق کی بدولت یونیورسٹی میں بہت اچھی پوزیشن سے پاس ہو رہے ہیں۔ ناگپور یونیورسٹی میں قانون کے امتحان میں ایک نابینا طالب علم پوری یونیورسٹی میں اول آیا ہے۔ یہ اسباق ہر مضمون میں اور ہر زبان میں موجود ہیں۔ انہیں ماہرین تعلیم ریکارڈ کرتے ہیں اور اپنی خدمات کا کوئی معاوضہ نہیں لیتے۔ ابھی مہاراشٹر اگورنمنٹ نے دو ہزار گز زمین دی ہے اور اچھی معقول رقم بھی دینے کا وعدہ کیا ہے۔ ہمارے ملک میں نابینا لوگوں کی تعداد بہت زیادہ ہے۔ ان کے لیے ابھرے ہوئے الفاظ کی کتابیں بہت تھوڑی ہیں۔ اور ہر مضمون میں مہیا نہیں ہیں، پھر مہنگی بھی بہت ہیں۔ یہ ریکارڈ کیے ہوئے کیسٹ ہزاروں اور لاکھوں کی تعداد میں تیار کیے جاسکتے ہیں اور ہر مضمون اور ہر کلاس کے لیے ہر زبان میں کیسٹ تیار کیا جا سکتا ہے۔ یہ کیسٹ Talking books (بولتی کتابیں) کہلاتی ہیں۔

سوال: اچھا شیرف بننے کے بعد آپ کا اگلا قدم کیا ہے؟ دہلی کے سیاسی حلقوں میں مرحومہ نرگس دت کی راجیہ سبھا کی سیٹ کے لیے آپ کا، راج کپور، شانتارام اور سنیل دت کا نام لیا جارہا ہے اور کچھ

لوگ اس کوشش میں ہیں کہ یہ سیٹ آپ کو مل جائے۔ آپ کا اس سلسلے میں کیا خیال ہے؟

جواب: یہ بات میں نے بھی سنی ہے اور ایک دو انگریزی کے اخبارات نے اسے شائع بھی کر دیا ہے مگر میں آپ کے ذریعے، رسالہ "شمع" کے ذریعہ یہ بتانا چاہوں گا کہ اس طرح کی نہ میری کوئی کوشش ہے، نہ میرا ایما ہے، نہ میری خواہش ہے۔ نہ میں اپنے آپ کو اس قابل سمجھتا ہوں۔

سوال: اگر راجیہ سبھا کی اس سیٹ کے لیے آپ سے پوچھا جائے تو آپ کا کیا جواب ہو گا۔۔۔؟

جواب: میں پہلے بہت مودبانہ طور اس کا شکریہ ادا کروں گا۔ پھر عرض کروں گا کہ میں اس کا اہل نہیں ہوں اور نہ ہی اس کے لیے میرے پاس وقت ہے۔

سوال: وقت کی تو الگ بات ہے، آپ کا یہ کہنا کہ میں اہل نہیں، کسرِ نفسی ہے۔

جواب: وہ معاملات سیاسی ہیں بھائی۔ کھڑے ہو جایئے، ووٹ دیجیے۔ ووٹ آپ پارٹی کے خلاف دیجیے، پارٹی کے حق میں دیجیے، یہ بڑے سنجیدہ مسائل ہیں۔ فرض کر لیجیے ہم نہ یہاں ہیں نہ وہاں ہیں۔ کہیں بھی محسوس نہیں کرتے۔ ہم سمجھتے ہیں کہ بات ہی صحیح نہیں ہو رہی ہے تو ووٹ دینا، نہ دینا سب سیاسی معاملات ہیں جن میں پڑنا نہیں چاہتا۔ شیرف کے زمانے میں پہلے ہی میرا بہت وقت چلا گیا۔ اب میں فلموں میں کام کرنا چاہتا ہوں۔ یوں بھی میں بہت کم ہی کام کرتا ہوں۔ سات آٹھ دن کام کیا اور چار پانچ دن چھٹی کی۔ سیاست میں آ جانے کے بعد تو فلموں سے بالکل ہی دور ہو جاؤں گا۔ اس لیے میں پھر یہ کہنا چاہتا ہوں کہ راجیہ سبھا میں جانے کی نہ میری خواہش ہے، نہ ایما ہے، نہ کوشش ہے!

☆☆☆

ماخوذ: 'شمع'، شمارہ: اکتوبر ۱۹۸۱ء

سنجیو کمار (اصل نام: ہری ہر جیٹھالال زری والا۔ پیدائش: ۹/ جولائی ۱۹۳۸ء، **ممبئی**)
نے شادی نہیں کی تھی، ایک زمانے میں ان کا نام قریب قریب ہر ہیروئین کے ساتھ وابستہ رہا۔ اس میں ہیما مالنی کا نام سرفہرست ہے۔ پھر سلکھشنا پنڈت سے عشق ہوا اور سنجیو کا آخری عشق جے۔شری۔ٹی کے ساتھ تھا۔ عجیب بات یہ رہی کہ پہل سنجیو کی طرف سے ہوتی تھی اور جب بات شادی تک پہنچی تو سنجیو میدان سے بھاگ کھڑا ہوتا تھا۔ بیماری کے بعد تو وہ کہا کرتا تھا کہ میں اس عمر اور اس بیماری کے ساتھ شادی کر کے کسی لڑکی کی زندگی برباد کرنا نہیں چاہتا۔

سنجیو کمار کی ابتدا ایک ایکسٹرا اداکار کے طور سے ہوئی تھی، مگر اس نے آہستہ آہستہ ایک ایسا مقام بنایا کہ فلمی دنیا کا بہترین اداکار تسلیم کر لیا گیا۔ مشکل ترین رول کرنے میں اس کا کوئی ثانی نہیں تھا۔ سنجیو کمار کی مشہور فلموں میں کوشش، کھلونا، موسم، دستک، ترشول، ارجن پنڈت، شعلے، نمکین، نیا دن نئی رات، پتی پتنی اور وہ، انگور، انوبھو، آندھی، شطرنج کے کھلاڑی، ودھاتا اور گرہ پرویش کے نام لیے جاسکتے ہیں۔

سنجیو کمار کی نامکمل فلموں میں ہیرے جواہرات، سامنا، زندگی ایک سفر، انسان کی اولاد، دو وقت کی روٹی، پروفیسر کی پڑوسن اور ترپتی شامل ہیں۔ پروڈیوسر جانی وہسکی کی "عداوت" بھی شامل ہے اور سب سے اہم نامکمل فلم ہے: مرحوم کے۔ آصف کی فلم "لو اینڈ گاڈ"۔

انٹرویو : ٦

سنجیو کمار: بالی ووڈ فلم نگری کا ایک عظیم فنکار

سنجیو کمار کی ٦ر نومبر ١٩٨٥ کو سہ پہر کے لگ بھگ پونے تین بجے دل کی حرکت بند ہو جانے سے وفات ہو گئی تھی۔ اسی دن ان کی والدہ کی بھی برسی تھی، اس لیے اداسی کے عالم میں وہ اپنے گھر پر اکیلے ہی تھے۔ اتفاق سے ان کا بھتیجہ اودے بھی گھر میں نہیں تھا، جس سے وہ بے حد پیار کرتے تھے۔ اچانک انہیں الٹی ہوئی، فوراً ڈاکٹر کو بلایا گیا۔ ڈاکٹر کے آنے پر وہ کہنے لگے کہ ذرا ہم شیو کر کے نہاتے ہیں، پھر آرام سے چیک اپ کرائیں گے۔ یہ کہہ کر جب وہ باتھ روم جانے لگے تو باتھ روم تک پہنچنے سے پہلے ہی ان پر دل کا دورہ پڑا اور وہیں ان کا جسم ٹھنڈا ہو گیا۔ ڈاکٹر ڈرائینگ روم میں ان کا انتظار کرتا رہا۔ کچھ دیر بعد سنجیو کمار کا قریبی دوست سچن ملنے آیا اور سیدھا باتھ روم کی طرف چلا گیا۔ اس نے دیکھا کہ سنجیو یعنی ہری بھائی کا خاکی جسم فرش پر بے جان پڑا ہوا تھا۔ انہیں مرے ہوئے لگ بھگ آدھا گھنٹہ ہو چکا تھا۔

آناً فاناً ساری فلم انڈسٹری میں شور مچ گیا کہ سنجیو کمار چل بسے۔ ان کے گھر پر فلمی ستاروں اور دیگر فلمی ہستیوں کا ہجوم پہنچ گیا۔ سنیل دت، امیتابھ بچن، شتروگھن سنہا، راجیش کھنہ، ونود کھنہ، راجندر کمار، او۔ پی۔ رلہن، شام رلہن، سائرہ بانو، شبانہ اعظمی، سمیتا پاٹل، راج ببر، دیپک پراشر، میک موہن، ونود مہرا، پرکاش مہرا، جتیندر، پونم ڈھلوں، زرینہ وہاب، زینت امان، راکیش روشن، جیکی شراف، انیل کپور، انو ملک، دیو کمار، دارا سنگھ، پریکشت ساہنی، وکرم، اکبر خان، سنجے دت، ستین کپو، مالا سنہا، دیو آنند، چیتن آنند، منوج کمار، رشی کپور، شمی کپور، رندھیر کپور، راجیو کپور، رنجیت، شکتی کپور، پروڈیوسر کرشنا مورتی، متھن چکرورتی، امریش پوری، سبھاش گھئی، کنال کپور، بی۔ آر۔ چوپڑا، یش

چوپڑا، رضا مراد، دھیرج کمار، پریم چوپڑا، سریندر موہن، رتی اگنی ہوتری، انیل شرما، سریش اوبرائے، نمی، نوشاد وغیرہ بہت سارے لوگوں نے سنجیو کمار کے آخری درشن کیے۔
۸/نومبر کو صبح ٹھیک دس بجے ایک گاڑی پر سنجیو کمار کا جسد خاکی رکھا گیا اور ارتھی کا جلوس سانتا کروز جوہو شمشان کی طرف روانہ ہو گیا۔ بھیڑ اتنی تھی کہ پولیس بھی پریشان ہو گئی تھی کیونکہ لگ بھگ ساری فلم انڈسٹری اُمڈ آئی تھی۔ جرنلسٹس، فوٹوگرافرز اور ویڈیو شوٹنگ کرنے والے مسلسل اپنا کام کرنے میں مصروف تھے۔ سنجیو کمار کے بھتیجے اودے نے چتا میں آگ لگائی۔ آگ کے شعلے بلند ہوتے گئے اور لوگوں کی آنکھوں سے آنسو بہتے رہے۔ آنسوؤں کے سیلاب میں لوگوں نے اپنے پیارے "ہری بھائی" کو وداع کیا۔

سنجیو کمار کے سوگ کے دوران جب مسافر کی سنیل دت نے اپنے تاثرات پیش کرتے ہوئے کہا:
"سنجیو کی پہلی فلم میرے ساتھ ہی تھی جس کا نام تھا 'ہم ہندوستانی'۔ میں نے اس سے پہلی ملاقات میں ہی کہا تھا سنجیو! تمہارا اس فلمی دنیا میں اونچا مقام ہوگا کیونکہ تمہارے اندر وہ امنگ، وہ جوش، وہ لگن ہے کہ انسان دور بھی کھڑا ہو تو اس کی نظر تم پر ضرور رکے گی۔ تم محنت کروگے تو وہ مقام تمہیں ضرور ملے گا۔ اس کے بعد چند اور فلموں میں بھی میں نے سنجیو کے ساتھ کام کیا۔ سنجیو نہ صرف ایک اچھے فنکار تھے بلکہ ایک اعلیٰ انسان بھی تھے۔ اتنی مقبولیت پانے کے باوجود بھی جانے کیوں سنجیو نے اپنے آپ سے پیار نہیں کیا۔ ان کی موت بھی کچھ اسی انداز سے ہوئی جیسے گرودت اور مینا کماری کی ہوئی تھی۔ مجھے تو ایسا لگتا ہے کہ سارے دیس نے ان کلاکاروں سے پیار کیا، لیکن شاید ان کلاکاروں کو اپنے آپ سے پیار نہیں تھا۔ یہ ہمیشہ اپنی زندگی سے کھیلتے رہے، مگر دنیا والوں کو اپنی بہترین فنکاری کا ثبوت دیتے رہے۔ سنجیو ایک ایسا نام ہے جو فلمی دنیا کی تاریخ میں ہمیشہ جگمگاتا رہے گا۔"

شتروگھن سنہا نے سنجیو کمار کے ساتھ اپنی کچھ یادیں تازہ کرتے ہوئے کہا کہ:
"سنجیو تو میرا یار تھا۔ میں نے اسے ہری بھائی کہہ کر کبھی نہیں پکارا۔ کیونکہ میں اسے سنجیو کمار کے نام سے جانتا تھا اور سنجیو کے نام سے ہی پکارتا تھا۔ علاج کے بعد سنجیو امریکہ سے واپس آیا تو ہم نے سنجیو

سے کہا کہ: 'اب تم بالکل ٹھیک ہو گئے ہو، اب تو تمہیں شادی کرنی ہی پڑے گی۔' اس نے جواب دیا تھا: 'کیا ہو گا شادی کر کے؟ بھائی کے بچے ہیں۔ ان ہی کی دیکھ بھال کر لوں تو بہت ہے۔'
اتنی کم عمر میں ایک عظیم فنکار، بہترین انسان اور اعلیٰ دوست مجھے تنہا چھوڑ کر چلا گیا۔ میں اکثر اس کے گھر آتا جاتا تھا۔ سینکڑوں بار وہاں گیا ہوں گا، لیکن جس شیشے کے کیبن میں وہ سوتا تھا، اس میں میں کبھی نہیں گیا۔ یعنی اس کے جیتے جی نہیں گیا۔ جب وہ اس دنیا سے چلا گیا تو میں پہلی بار اس شیشے کے کمرے میں گیا، اپنے پیارے دوست کا آخری دیدار کیا، جہاں برف کی سلوں کے درمیان اسے رکھا گیا تھا۔ اب چاہیں اسے اتفاق کہہ لیجیے یا تقدیر کا کھیل، سنجیو کی کمی کبھی پوری نہیں کی جا سکتی۔ اس کی زندگی تو ایک ایسی کہانی ہے جو کبھی کبھی کتابوں میں ہی پڑھنے کو ملتی ہے۔"

سوال: آپ نے آج تک بے شمار فلموں میں کام کیا ہے، آپ کا ہر رول سراہا گیا ہے، بہترین اداکار کے طور پر 'دستک' اور 'کوشش' کے لیے نیشنل ایوارڈ بھی آپ کو ملا ہے مگر خود آپ کو اپنا کام کن کن فلموں میں پسند ہے؟

جواب: یہ بہت مشکل سوال ہے۔ پھر بھی آپ نے پوچھا ہے تو کچھ سوچنے دیں۔ کھلونا۔۔ سنگھرش۔۔ نیا دن نئی رات۔۔ شعلے۔۔ انو بھو۔۔ آندھی۔۔ موسم۔۔ ترشول۔۔ ارجن پنڈت۔۔ رام تیرے کتنے نام۔۔ اور جو میری سب سے پسندیدہ اور بہترین فلم ہے: کوشش! اور کون سی فلم رہ گئی ہے؟

سوال: دیکھا جائے تو 'کھلونا' آپ کے ابتدائی دور کی فلم ہے۔ اس فلم میں پاگل کے رول میں آپ نے حقیقت کا رنگ بھر دیا تھا۔ یہ رول آپ کو کس طرح ملا؟ جبکہ اسے بہت سے دوسرے ہیرو حاصل کرنا چاہتے تھے۔

جواب: میں ہرسا دجی کی فلم 'جینے کی راہ' میں ان دنوں ایک گیسٹ رول کر رہا تھا۔ پتا چلا کہ 'کھلونا' بنا رہے ہیں۔ اچھا رول تھا تو بہت سے آرٹسٹ اس رول کو حاصل کرنا چاہتے تھے۔ کچھ نے ڈائرکٹ

بات کی تو کچھ نے اپنے آدمیوں کے ذریعے پرساد جی تک پیغام پہنچائے۔ میری ایک گجراتی زبان کی فلم تھی جس میں قریب قریب ایسا ہی ایک پاگل کا رول تھا۔ میں نے ایک دن پرساد جی کو وہ فلم دکھائی اور اسے دیکھنے کے بعد پرساد جی نے وہ رول مجھے دے دیا۔

سوال: آپ کی بہترین گیارہ فلموں کی اس فہرست میں گلزار واحد ڈائرکٹر ہیں جن کی تین فلمیں: آندھی، موسم اور کوشش اس میں شامل ہیں۔ پھر آپ کی بہترین فلم 'کوشش' بھی گلزار ہی کی ہے۔

جواب: جی ہاں۔ واقعی آپ نے سچ کہا۔ بات دراصل یہ ہے کہ گلزار جو فلم بناتے ہیں، وہ مجھے ہی سامنے رکھ کر لکھتے ہیں اور مجھے ہی لینا چاہتے ہیں۔ مگر کبھی کبھی ان کا پروڈیوسر کسی اور کو لینا چاہتا ہے، یا میرے پاس ان دنوں وقت نہیں ہوتا، یا میرے ساتھ کوئی مجبوری ہو تو پھر وہ کسی اور کو لیتے ہیں۔ اسے میں اپنے لیے ایک فخر اور اعزاز کی بات سمجھتا ہوں۔

گلزار کے ساتھ کام کرنے میں لطف بھی بہت آتا ہے۔ بطور ایکٹر کبھی کبھی کوئی بات مجھے سوجھ جاتی ہے تو میں گلزار کو بتا دیا کرتا ہوں اور وہ بات اگر انہیں جچ جائے تو وہ اسے اپنانے میں ہچکچاتے بھی نہیں تھے۔ 'کوشش' کے زمانے میں سیٹ پر گونگے بہرے لوگ آتے تھے۔ میں ان کی حرکات و سکنات دیکھتا تھا۔ ان کی چھوٹی چھوٹی باتیں نوٹ کرتا تھا۔ ایک بار شوٹنگ کر کے ہم سب جا رہے تھے کہ مجھے ایک بات سوجھی، میں نے گلزار سے کہا کہ اگر ہم شاٹ ایسا لے لیں تو کیسا رہے گا؟ گلزار نے کچھ دیر سوچا اور پھر ویسا ہی شاٹ لے لیا۔ کہنے کا مطلب یہ ہے کہ ہم دونوں میں خوب تال میل ہے۔ گلزار صاحب کے ساتھ کام کرنا مجھے بہت اچھا لگتا ہے۔ دل اور دماغ دونوں سے ہی میں نے ان کی ہر فلم میں کام کیا۔ ان کی فلمیں 'آندھی' اور 'موسم' میں بھی مجھے اپنا رول بہت پسند ہے۔

سوال: آپ کو 'سنگھرش' کیسے ملی؟ اس وقت تو آپ کا کوئی نام بھی نہیں تھا۔

جواب: جی ہاں۔ آپ نے صحیح کہا۔ رویل صاحب کی نظر میں اس رول کے لیے کئی نام تھے مگر انہیں میری کچھ بلیک اینڈ وہائٹ فلموں کے ٹکڑے دیکھنے کا اتفاق ہوا۔ میری فلم 'تین چہرے' کی بھی

تین چار ریل دیکھیں۔ یہ فلم تین چار ریل سے آگے نہیں بڑھ سکی تھی۔ پران صاحب کے اس فلم میں تین رول تھے۔ رویل صاحب نے میرے بارے میں پوچھ گچھ کی کہ یہ کون ہے؟ کہاں رہتا ہے؟ وغیرہ۔ اور پھر یہ رول انہوں نے مجھے دے دیا۔ دراصل انڈسٹری میں میری پہچان بھی 'سنگھرش' کے رول کی وجہ سے ہی ہوئی۔ 'سنگھرش' کے لیے میری سب سے پہلی شوٹنگ شطرنج والے سین کی ہوئی اور وہی سب سے اچھا سین تھا اور ہر جگہ تبصرے کا باعث بنا۔

سوال: آپ نے جو یادگار فلمیں گنائی ہیں، ان میں 'لَو اینڈ گاڈ' کا تذکرہ نہیں کیا ہے۔ کیا بھول گئے آپ؟

جواب: بھولا نہیں ہوں۔ وہ فلم مکمل نہیں ہوئی، اس لیے اس کا ذکر نہیں کیا۔ دیکھا جائے تو جتنی دماغی اور جسمانی محنت اس کے لیے کی ہے وہ نہ کبھی کسی فلم کے لیے کی اور نہ کر سکوں گا۔ دنوں بھوکا رہا ہوں، فاقے کیے، ورزش کی، وقت پر سونا، وقت پر اٹھنا۔۔۔ کیا کیا محنت نہیں کی اس رول کے لیے۔

سوال: یہ فلم 'رام تیرے کتنے نام' میں کیا خاص بات ہے جو آپ کو پسند ہے؟

جواب: اس فلم میں رنگ بہت ہیں، چیلنج بھی تھا۔ کیرکٹر بھی عجیب ہے۔ گاؤں کا سیدھا سا آدمی ہے۔ چڈی پہن کر گھومتا ہے۔ نام ہی ہے: پیٹو رام۔ کھاتا ہی رہتا ہے۔ پھر اس میں تبدیلی آتی ہے، کیرکٹر بدلتا ہے۔ وہ امیر بن جاتا ہے۔ بعد میں اس کے بڑھاپے کا زمانہ ہے۔ وہ لڑکی جس سے محبت کرتا تھا، اس کی شادی کہیں اور ہو چکی ہوتی ہے۔ اس سے ایک لڑکی ہوتی ہے۔ اس آدمی کی قربانی۔ اس رول میں کافی کچھ کرنے کو ملا اور مزا آیا۔

☆☆☆

ماخوذ: 'شمع'، شمارہ: دسمبر ۱۹۸۵ء

امیتابھ بچن (پیدائش: ۱۱/اکتوبر ۱۹۴۲ء،الہ آباد)

کی عہد ساز فلم "زنجیر" ۱۹۷۳ء میں ریلیز ہوئی تھی۔ ان دنوں راجیش کھنہ کا دور تھا۔ سب یہی کہتے اور سمجھتے تھے کہ راجیش جیسے سپر اسٹار کو کوئی بھی مات نہیں دے سکتا، کوئی بھی اس کی جگہ نہیں چھین سکتا۔ لیکن امیتابھ نے ایک ہی ضرب سے اس دیو قامت بت کو پاش پاش کر دیا۔ اس نے تماشائیوں کو وہ نعمت فراہم کی جس کی وہ آرزو کر رہے تھے، پل بھر میں تماشائیوں کو احساس ہو گیا کہ وہ اسی شے کی تلاش میں تھے۔ پلک جھپکتے میں رومانی فلموں کے دن ہوا ہو گئے۔ امیتابھ کے پیکر میں عوام کو ظلم اور ناانصافی کے خلاف اپنے غصے، بغاوت اور جنگ کا علامتی پیکر مل گیا۔ اینٹی ہیرو بن کر امیتابھ نے تیزی سے سب سے بڑے اسٹار کا رتبہ حاصل کر لیا۔ اس نے جو رول کیے وہ اصل زندگی سے کہیں زیادہ بڑے تھے۔ لاوے کی طرح ابلتے ہوئے غصے اور قوت کے ساتھ وہ در جن بھر خطرناک ترین، مہیب ترین بد معاشوں کا بھر تا بنا تار ہا اور بے بس عوام کو یہ محسوس ہوتا رہا کہ انہوں نے سماج کے دیو زاد شیطانوں سے پورا بدلہ لے لیا ہے۔ اس طرح امیتابھ سیدھا عوام کے دل میں اتر آیا۔

انٹرویو : ۷

امیتابھ بچن: میری کامیابی والد کی نصیحتوں کی دین ہے

ہندوستانی سنیما کی تاریخ میں امیتابھ نے ایک نئے دور کی شروعات کی تھی۔ وہ ایک مسلک، ایک ادارہ، ایک روایت بن چکا ہے۔ اس نے ثابت کر دکھایا ہے کہ اس کے فن کی گہرائی اور تاثر کی عمر بہت زیادہ ہے، اس کی شہرت اور مقبولیت کا رنگ وقت کے ہاتھوں پھیکا نہیں پڑا ہے۔ وہ پردے پر ہی نہیں، نجی زندگی میں بھی ایک مختلف حصوں میں بٹی ہوئی شخصیت کی عکاسی کرتا ہے۔ اس کی ذات میں بہت سی رنگارنگ خصوصیتیں جمع ہیں، جو باری باری سے دھوپ چھاؤں کی طرح اس کی فلموں میں کبھی نمایاں، کبھی نظروں سے اوجھل ہوتی رہتی ہیں۔ کچھ لوگوں کا یہ بھی کہنا ہے کہ وہ بلا کا خود پرست ہے۔ یہاں تک کہ ایک موقع پر اس کی بیوی جیہ بہادری نے بھی کہا تھا کہ: 'امیت کوئی مٹی کے مادھو تو ہیں نہیں، وہ کوئی رشی منی بھی نہیں ہیں۔'

امیتابھ کو اگر کامیابی حاصل کرتے رہنے کا جنون ہے تو اتنا ہی جنون فنی کمال پیش کرنے کا بھی ہے، اسی لئے امیتابھ نے اگر بہت سے لوگوں کو اپنی طرف مائل کیا ہے تو بہت سے لوگوں کو برگشتہ بھی کیا ہے، اس کی طبیعت میں طوفانی شدت ہے۔ کسی فلم کے پروجیکٹ میں جب وہ کود پڑتا ہے تو اس انداز سے جیسے اس کے اندر کوئی سیماب یا آسیب سمایا ہو۔

امیتابھ کی شدت پسندی کا اس کی نجی زندگی پر کیسا ہی اثر پڑا ہو، فلموں میں تو اسے اپنی اس خصوصیت سے فیض ہی فیض پہنچا ہے۔ پردے پر وہ زندگی کی قوت بن کر ابھرتا ہے اور دیکھنے والوں کے دلوں میں گھر کر لیتا ہے۔ فلم شہنشاہ کے ایک پوسٹر میں امیتابھ کی کیا شان تھی! کیا دبدبہ تھا! ایسا لگتا تھا کہ اس شہ زور شخص کو کوئی نہیں روک سکتا، کوئی نہیں ہرا سکتا، زمانہ اس کے قدموں میں جھکنے پر مجبور

ہے۔ کبھی کبھی امیتابھ اداکاری میں مبالغہ بھی شامل کر دیتا ہے۔ مار دھاڑ کے منظروں میں کبھی کبھی وہ انسان کم اور وحشی درندہ زیادہ نظر آتا ہے۔ اس کا جسم اس کے ہاتھ پاؤں، اس کی اڑان سے ملتی چھلانگیں اور لاتیں، بجلی کی سی تیزی سے پڑتے ہوئے مکے، کوندوں کی طرح لپکتے ہوئے وار دشمن کے لئے موت کے پیامی بن جاتے ہیں اور اس کے باوجود تماشائیوں کو ان میں زبردست کشش، وقار اور دل کشی نظر آتی ہے۔

امیتابھ پہلا ہیرو تھا جو برہم نوجوان کے طور پر جانا پہچانا گیا۔ اصل میں برہم نوجوان کا تصور پہلے پہل برطانیہ میں ۱۹۵۰ء کے لگ بھگ عام ہوا تھا۔ وہاں یہ اصطلاح درمیانہ طبقے کے ان برہم، نوجوان ادیبوں اور شاعروں کے لئے استعمال کی جاتی تھی جنہوں نے رائج نظام کے جبر کے خلاف بغاوت کا پرچم اٹھا رکھا تھا۔ جان اوسبورن [John Osborne] کا ڈراما LOOK BACK IN ANGER ان دنوں انگلش اسٹیج پر دھوم مچا رہا تھا۔ ڈرامے کا ہیرو بظاہر الجھا الجھا، سخت مزاج اور اجڈ دکھائی دیتا تھا، لیکن حقیقت میں کامل انسان کا نمونہ تھا، اس زمانے میں نئی نسل سماج اور اس کے سڑے گلے نظام پر ہر طرف سے حملے کر رہی تھی۔ وہ اس نظام کو سدھارنا چاہتے تھے اسے بدلنا چاہتے تھے، ہمارے یہاں یہ لہر ذرا دیر سے آئی۔ لیکن جب آئی تو شعر و ادب کے علاوہ اس نے فلموں کو بھی اپنی لپیٹ میں لے لیا۔ امیتابھ برہم نوجوان، کی پہلی علامت بنا اور اس طرح بنا کہ کوئی اور اس جیسا نہ بن سکا۔

شروع کی چند اور بعد کی ایک دو فلموں کو چھوڑ کر امیتابھ کی ساری فلموں نے باکس آفس پر دولت کی بارش کی ہے۔ وہ سب کی سب عوامی تفریح کا شاہ کار ثابت ہوئی ہیں۔ اس درمیان ایسی ایسی اختلافی بحثوں میں اس کا نام آیا جنہوں نے پورے ملک میں ہلچل مچادی، مگر جب فلموں میں اس کی دوبارہ آمد ہوئی تو اس کا پہلے ہی کی طرح نہایت گرم جوشی سے استقبال کیا گیا۔ یہی نہیں، لوگ کہتے ہیں کہ عوام میں بھی اس کے لئے ابھی تک وہی کریز ہے جو پہلے تھا۔ جوہو ولے پارلے کے علاقے میں اس کے بنگلے کے باہر اس کی ایک جھلک دیکھنے کی آرزو مند بھیڑ ہر وقت کھڑی نظر آتی ہے۔ جیسے ہی وہ بنگلے سے نکلتا ہے۔ خلقت اسے بڑھ کر گھیر لیتی ہے، کوئی اس سے ہاتھ ملانے کے جتن کرتا ہے، کوئی

اسے چھو کر خود کو خوش سمجھتا ہے۔ کسی کو اس کے آٹو گراف پا کر جیسے جنت مل جاتی ہے اور کوئی اس کے پاس کھڑا ہو کر ہی نہال ہو جاتا ہے۔ جن دنوں وہ کام کرتا ہوتا ہے۔ ایسا منظر روزانہ اور جگہ جگہ دکھائی دیتا ہے۔ اس کے علاوہ ماضی میں لوگ خطوں کے ذریعہ بھی اپنی دیوانہ وار چاہت کا اظہار کرتے رہے ہیں۔ اسے ہر ہفتے پرستاروں کے ۲۵۰۰ سے ۳۰۰۰ تک خط ملتے رہے۔

سوال: آپ کی بے اندازہ مقبولیت پر آپ کے کیا خیالات ہیں؟

جواب: شاید اس کی وجہ یہ ہو کہ تماشائی وہی چاہتے ہیں جو ان کی سمجھ میں آئے۔ ان کے جی کو لگے۔ ان کی اپنی ذہنی رو کے قریب ہو۔ اسی لئے میں نے فیصلہ کیا تھا کہ طرح طرح کے رول کروں گا۔ آوارہ گرد سے لے کر شورہ پشت مجرم تک، شریف زادے سے لے کر لفنگے تک۔ انتہائی تعلیم یافتہ سے قطعی ان پڑھ تک۔ میں جانتا ہوں کہ میرے اندر ہر قسم کے رول کرنے کے امکانات ہیں۔ میں بھولا بھالا بھی ہوں۔ چالاک اور شاطر بھی۔ گرم جوش پریمی بھی ہوں۔ عورت بیزار بھی۔ مجھ میں ہر طرح کے جوہر ہیں اور میں ان سب سے کام لینا چاہتا ہوں۔ پھر بھی حالات کی ستم ظریفی یہ ہے کہ میں بہت کچھ ہوں اور اس کے باوجود کچھ بھی نہیں ہوں، میں بہت سی بڑی سے بڑی فلموں کا ہیرو ہوں۔ میرا ایک نمایاں مقام ہے۔ اور پھر بھی میرا کوئی مقام نہیں ہے۔ میرا مطلب ہے کہ میں نہ کوئی لارنس آلیویر ہوں، نہ کوئی مارلن برانڈو۔

سوال: آپ عموماً پریس سے الگ تھلگ ہی رہتے ہیں، ایسا کیوں؟

جواب: مجھے پریس پر ذرا بھی بھروسا نہیں۔ ہاں اپنے تماشائیوں پر ضرور مجھے پورا اعتماد ہے۔ بہترین جج وہی ہیں۔ وہ نہ کسی کے دھوکے میں آتے ہیں۔ نہ بہلائے پھسلائے ہیں۔ وہ نہ جھوٹ بولتے ہیں، نہ جھوٹ کا اثر قبول کرتے ہیں۔ پچھلے چند برس میں عوام کی یہ کھری عادت پوری طرح واضح ہو چکی ہے۔ اس کے برعکس اخباروں رسالوں میں چٹپٹی باتیں ہانکنے والے اس طرح میرا ذکر کرتے ہیں۔ جیسے برائیاں نکالنے اور کیڑے ڈالنے کے کسی ۲۰ نکاتی پروگرام پر عمل کر رہے ہوں۔

سوال: کسی بھی کسوٹی پر پرکھا جائے، یہ ماننا پڑے گا کہ آپ عوام کو تفریح مہیا کرنے والے ہمہ گیر آرٹسٹ ہیں۔ ہندوستان نے کسی بھی دور میں آپ سے بڑھ کر عوام کو متاثر کرنے والا فن کار پیدا نہیں کیا۔ آپ اپنی آمادگی ظاہر کر کے کسی بھی پروڈیوسر کو سرمایہ دلوا سکتے ہیں، چاہے پروڈیوسر اپنی فلم کا موضوع ہمالیہ کی سائنسی کھوج ہی کیوں نہ رکھے۔ ملک میں یا ملک سے باہر ہندوستانی فلمیں دیکھنے والوں میں ایک شخص بھی ایسا نہ ملے گا جس نے امیتابھ بچن کو پردے پر نہ دیکھا ہو۔ اپنے پرستاروں کی چاہت اور دعاؤں پر آپ کے تاثرات کیا ہیں؟

جواب: آرٹسٹ میں بناوٹ کا شائبہ بھی دکھائی دے تو پرستار اس کی طرف سے مونہہ موڑ لیتے ہیں۔ لیکن آرٹسٹ سچا، کھرا اور مختلف ہو تو پرستار اس کے اور بھی قریب آجاتے ہیں۔ پھر وہ اسے ٹوٹ کر چاہتے ہیں۔ وہ خود بھی نہیں جانتے کہ سچ اور جھوٹ، ریاکاری اور خلوص کا فرق وہ کس طرح معلوم کر لیتے ہیں۔ وہ فلسفہ طرازی کے قائل نہیں ہوتے لیکن پھر بھی وہ پرکھ لیتے ہیں کہ کیا کھرا ہے، کیا کھوٹا۔ الگ الگ فرد کے طور پر ممکن ہے انہیں عقل سے کورا سمجھا جائے، لیکن گروہ کے طور پر ان کی سوجھ بوجھ کا جواب نہیں ہوتا۔

سوال: افواہیں، اختلافی آراء، سرگوشیاں اور حاشیہ آرائیاں آپ کو اکثر نشانہ بناتی رہی ہیں۔ سب سے زیادہ اور سب سے بڑھ کر سازش آمیز چرچا یہ رہا ہے کہ آپ کے ساتھ کام کرنا بہت دشوار ہے۔ کہنے والے کہتے ہیں کہ ہدایت کار کو ہدایتیں دینے کی آپ کو عادت ہے۔ لیکن طاقت اور اختیار تو یوں بھی لوگوں کے پسندیدہ موضوعات ہیں۔ بہت سے لوگ فلم میکنگ کو بھی طاقت اور اختیار کے خانوں میں سمیٹ کر جائزہ لینے کو ترجیح دیتے ہیں۔ ان کے خیال میں فلم میکنگ انا کے مسلسل ٹکراؤ کا عمل ہے۔ ایک طرف ڈائریکٹر ہر معاملے میں خود کو برحق سمجھتا ہے۔ دوسری طرف ایکٹر ہر وقت اپنے چہرے اور حلئے، لفظوں اور مکالموں کو بنیاد بنا کر بکھیڑے پیدا کرتا رہتا ہے۔ ظاہر ہے، اس طرح کی باتوں کی اصلیت اور حقیقت جاننے کا کوئی طریقہ نہیں۔ مگر یہ طے ہے کہ اداکار اور ہدایت کار کا رشتہ بہت قریبی ہے۔ یا یوں کہئے کہ اسے بہت قریبی ہونا چاہئے یا ہونا پڑتا ہے۔ باہر کا آدمی

دونوں کا پورا کام یعنی فلم دیکھ کر ہی اس رشتے کے بارے میں کچھ اندازے لگا سکتا ہے۔ اور یہیں آپ کی جیت صاف نظر آتی ہے، اچھی اداکاری یقیناً آپ کی سب سے بڑی قوت ہے اس سلسلے میں آپ کا موقف کیا ہے؟

جواب: میرے رائے میں میرا سب سے بڑا سرمایہ میری فطرت ہے۔ یا چاہیں تو اسے فطری ذوق کہہ لیجئے۔ ہوتا یہ ہے کہ جب کبھی میں مکالموں کی ادائی میں کوئی عیب دیکھتا ہوں یا کوئی کمی محسوس کرتا ہوں تو میرے دل پر چوٹ سی لگتی ہے۔ اداکاری سنگیت کی طرح ہے اس میں بھی سر تال کی بہت زیادہ اہمیت ہے۔ ذرا سا بھی بے سرا یا بے تال ہونے پر اداکار کو خود ہی احساس ہو جاتا ہے۔ یہ سر تال اداکار کو اس کے دل کی دھڑکنیں، اس کی نبض کی رفتار فراہم کرتی ہیں۔ اس کا سارا فن ان ہی کے تابع رہتا ہے۔ سر تال کے خلاف کوئی جائے تو فوراً جھٹکا محسوس ہوتا ہے۔

سوال: پھر تو سر تال کا پورا خیال رکھنے کی غرض سے آپ کوئی فلم قبول کرنے سے پہلے اس کا اسکرپٹ بھی ضرور پڑھتے ہوں گے۔۔؟

جواب: جی ہاں۔ میں اسکرپٹ بھی پڑھتا ہوں اور یہ جاننے کے لئے آنکھیں اور کان بھی کھلے رکھتا ہوں کہ لوگ کیا کر رہے ہیں۔ اس کے ساتھ ایک خیال، ایک فیصلہ میرے ذہن میں ابھر آتا ہے اور میں اس پہلے اور فطری فیصلے پر ہی قائم رہتا ہوں، زیادہ کھوج کرنا میرے لئے یوں بھی ممکن نہیں کہ میں بلا کا کاہل ہوں۔ اگر آدمی کو خود پر یقین اور اعتماد ہو تو اس کی کارگزاری اچھی ہی رہتی ہے۔ میں جھجک یا شک کی حالت میں اداکاری کبھی نہیں کرتا۔ جھجک یا شک کے ساتھ کام کرنا تماشائیوں کو کھو دینے کی طرف پہلا قدم ہے۔ اداکار کے ذہن میں شک ذرہ برابر بھی ہو تو لوگ اس کی ہر صلاحیت پر شبہ کرنے لگتے ہیں۔

سوال: آپ کو اس بات کی بہت فکر رہتی ہے کہ آپ کیسے نظر آتے ہیں؟ شاید اسے خود پسندی کہا جائے۔ لیکن خود پسندی اس پیشے کا تقاضا بھی ہے جسے آپ نے اپنا رکھا ہے۔ آپ کو اپنے آپ سے

پیار ہے، اپنا سراپا عزیز ہے، لوگوں کی تعریفی نظریں اچھی لگتی ہیں۔ فلموں میں اور فلموں سے باہر سب سے زیادہ خوش پوش اداکاروں میں سے آپ ایک ہیں۔ اس کے ساتھ آپ خود کو فطری اداکار بھی قرار دیتے ہیں۔ اور اس میں شک بھی نہیں کہ آپ میں زبردست فطری صلاحیتیں اور امکانات ہیں۔ کبھی کبھی کام کے وقت غیر ضروری تفصیلات کے بارے میں آپ کو پریشان ہوتے ہوئے بھی دیکھا گیا ہے۔ مگر اس وقت بھی شاید سین کے اندر کسی اہم مرحلے کے لئے خود کو آزاد کرنے کی غیر ارادی دھن میں بھی آپ گرفتار ہوتے ہیں، اس طرح کہ اس اہم مرحلے کے باب میں آپ سوچ بچار بھی نہیں کرتے۔ کیا یہ سچ نہیں؟

جواب: آج کل میں کام میں زیادہ کاہلی دکھانے لگا ہوں، لیکن اسکا مطلب یہ ہے کہ ان تفصیلات کی پروا مجھے پہلے سے کم رہنے لگی ہے جن کی کوئی خاص اہمیت نہیں۔

سوال: شہرت شہد کی مکھی کی طرح ہے۔ یہ دور دور تک اڑتی ہے، میٹھا راگ گاتی ہے، میٹھا شہد دیتی ہے۔ لیکن اس کے ساتھ یہ ڈنک بھی مارتی ہے۔ آپ کا اس کے متعلق کیا خیال ہے؟

جواب: شہرت کی قیمت تو ادا کرنی ہی پڑتی ہے، اگر میں باقی لوگوں کی طرح رات کو بستر پر لیٹتے ہی نیند کی گود میں پہنچ جایا کروں تو اس انداز کی اداکاری نہ کر سکوں گا جیسی کیا کرتا ہوں۔ زیادہ مصروف رہنے میں ایک خرابی یہ ہے کہ یا تو آدمی دوسروں کو نظر انداز کرنے لگتا ہے اور اس طرح ان کو دکھ دیتا ہے، یا اپنے آپ کو نظر انداز کرنے لگتا ہے اور اس طرح خود کو تکلیف پہنچاتا ہے۔ شاید کام ایک چھوٹا سا ٹارچر چیمبر (عذاب گھر) ہے۔ آدمی وہاں خود کو اس لیے اذیت دیتا ہے کہ باہر کی دنیا سے الگ تھلگ اور محفوظ رہے۔ کبھی کبھی اس طرح کے سپنے میں بھی دیکھتا ہوں کہ چلتے چلتے یکایک ٹھٹک کر رک گیا ہوں۔ سڑک کے کنارے بنے ہوئے ایک چھوٹے سے ریستوران میں گھس جاتا ہوں، وہاں چائے پیتا ہوں، پھر ساحل کی طرف نکل جاتا ہوں اور نہایت آزادی اور بے پروائی کے ساتھ گھومتا پھرتا ہوں، بنیادی طور پر آدمی احمق ہے۔ وہ کسی حال میں پوری طرح خوش نہیں رہ سکتا۔ اور اگر کامیابی اتنی زیادہ نصیب میں آئی ہو جو آج کے بیتے ہوئے دن کو یاد رکھنے کی بھی مہلت

دے دے تو اس صورت میں خوشی صرف فی صد تناسب کا سوال بن جاتی ہے۔ ایسی حالت میں اگر پچاس فیصد بھی خوشی حاصل ہو جائے تو آدمی کو اپنی قسمت پر ناز کرنا چاہئے۔

سوال: کچھ جرنلسٹوں کی شکایت ہے کہ آپ ان سے سرد مہری اور بے مروتی سے پیش آتے ہیں بعض صورتوں میں اس شکایت کو بے بنیاد بھی نہیں کہا جا سکتا۔ اگر آپ کی ملاقاتیں کسی ایسے شخص سے ہوں جو آپ کو اچھا نہ لگے تو آپ پلک جھپکتے میں خود کو قلعہ بند کر لیتے ہیں، ناگوار حالات اور ناپسندیدہ لوگوں کی طرف سے نظریں پھیر لینے کو ہی آپ بہتر سمجھتے ہیں، یہی آپ کی بیزاری کا خاموش اعلان ہوتا ہے۔ آپ کے ساتھ کام کرنے والے کبھی کبھی آپ کو 'پتھر کے چہرے والی عظمت' کے خطاب سے تک نوازتے ہیں۔ یہ ماجرا بہت بار دیکھا جا چکا ہے کہ آپ سے کسی نے کوئی سوال پوچھا اور آپ اسے بس خالی خالی نظروں سے دیکھتے رہے، جیسے وہ شخص آپ کے سامنے موجود نہ ہو، یا جیسے اس شخص نے کسی اور آدمی سے سوال پوچھا ہو۔ لیکن آپ جن کو چاہتے ہیں تو ان کے لیے بے پناہ پر کشش اور دل نواز بھی بن جاتے ہیں۔ اپنی ان ہی خصوصیتوں کے باعث آپ الگ تھلگ رہنے والی شخصیت کے طور پر مشہور ہو گئے ہیں۔ یا کہیں ترنگ کا مارا، کہیں کسی کو بھی خاطر میں نہ لانے والا اور کہیں بد لحاظ اور سخت کلام۔ پھر بھی ظاہر ہے بے نیازی کے باوجود آپ کا مشاہدہ بہت تیز ہے۔ فلموں سے لے کر سامنے آنے والے آدمیوں کے خدوخال اور کرداری خصوصیتوں تک، ساری چیزیں آپ کے ذہن میں میں محفوظ ہوتی رہتی ہیں۔ آپ کی یادداشت کا یہ حال ہے کہ برسوں پہلے صرف ایک بار جو فون نمبر آپ نے سنا تھا، برسوں بعد بھی آپ کو یاد رہا ہے۔ صرف دو مرتبہ پڑھ لینے کے بعد مکالمے آپ کو ازبر ہو جاتے ہیں۔ لہجوں اور بولیوں پر تو آپ کو کمال کی قدرت حاصل ہے۔ ایسی تمام باتوں پر آپ کیا کہنا چاہیں گے؟

جواب: میں نیوراتی نہیں ہوں، مجھے خبطی سمجھنا شاید زیادتی ہو گی لیکن میرا خیال ہے کہ اداکاری ہی کیا، سارے فنون آدمی کو دوسروں سے کچھ الگ کچھ انوکھا ضرور بنا دیتے ہیں۔ کچھ ایسی گتھیاں آرٹسٹ کی شخصیت کا حصہ بن جاتی ہیں جنہیں اوسط یا نارمل نہیں سمجھا جاتا۔ خود آرٹسٹ کے لئے

ان کیفیتوں کے ساتھ جینا زیادہ آسان نہیں ہوتا۔ اسی لئے کبھی وہ جلد پریشان ہو جاتا ہے، کبھی جھلانے لگتا ہے، کبھی بے صبری دکھاتا ہے کبھی چڑچڑا نظر آتا ہے، صرف نجی زندگی کی تنہائی اسے سکون دیتی ہے، وہ بھی اس صورت میں جب اس تنہائی میں کوئی تاک جھانک نہ کرے۔

سوال: آپ خبط کی حد تک صفائی پسند ہیں، عموماً بے داغ کرتے پاجامے اور قیمتی شال میں ملبوس رہتے ہیں، ایسا کیوں ہے؟

جواب: جن لوگوں سے میرا واسطہ پڑتا ہے، ان کو میں پہلی ہی نظر میں چار زمروں میں سے کسی ایک زمرے میں رکھ دیتا ہوں۔ بے حد گندے، اوسط درجے کے گندے، خفیف سے گندے اور اوسط درجے کے صاف!

سوال: آپ کی ایسی شان دار کامیابی کا راز کیا ہے؟

جواب: تین نصیحتیں۔۔۔ میری کامیابی میرے پتاجی کی تین نصیحتوں کی دین ہے۔

پہلی نصیحت یہ تھی کہ ہمیشہ وعدے کے پکے رہو۔ دوسری یہ کہ شریف آدمی جان بوجھ کر کسی کی بھی بے عزتی نہیں کرتے، چاہے وہ عمر یا رتبے میں چھوٹا ہو، یا بڑا۔ اور تیسری یہ کہ مصیبت کی تلاش میں نہ رہو، لیکن اگر آفت سامنے آ ہی جائے تو جیت تمہاری ہونی چاہئے۔

☆☆☆

ماخوذ: 'شمع'، شمارہ: جنوری ۱۹۸۹ء

شترو گھن سنہا

شترو گھن سنہا (پیدائش: ۹/ دسمبر ۱۹۴۵، پٹنہ)

بالی ووڈ کے ایک نامور و ممتاز ویلن، ہیرو، کیرکٹر آرٹسٹ رہے ہیں۔ لگ بھگ ایک ساتھ امیتابھ بچن، شترو گھن سنہا، ونود کھنہ اور ڈینی نے اپنے فلمی کیریئر کا آغاز کیا تھا۔ ان میں سے امیتابھ بچن نے کامیابی کی ایک تاریخ مرتب کی اور "لیونگ لیجنڈ (جیتی جاگتی داستاں)" بن گئے۔ ونود کھنہ نمبر دو کے مقام پر پہنچ کر امیتابھ کے لیے خطرہ بن چکے تھے کہ اچانک انہوں نے (۱۹۸۲ میں) فلموں کو خیرباد کہہ دیا (گوکہ پانچ سال بعد ۱۹۸۷ میں وہ دوبارہ فلم انڈسٹری میں داخل ہوئے اور اپنی اداکاری کی دوسری اننگ شروع کی)۔ ڈینی سست روی سے ویلن اور کیرکٹر آرٹسٹ کے بطور اپنا مقام بناتے رہے۔ شترو گھن سنہا نے پہلے منفی اور بعد ازاں مثبت دونوں کرداروں میں اپنی ایک مخصوص شناخت بنائی۔ پھر وہ سیاست میں گئے اور فلمی دنیا سے کچھ عرصے کے لیے دور ہو گئے۔ رسالہ 'شمع' کے اس انٹرویو میں شاٹ گن سنہا نے مختلف موضوعات پر دلچسپ، مفید اور پر فکر باتیں کہی ہیں۔

انٹرویو : ۸

شترو گھن سنہا: بالی ووڈ کا ایک بے باک اور منفرد اداکار

سوال: اپنے کیریر کو پیچھے مڑ کر دیکھنے پر آپ کیسا پاتے ہیں؟

جواب: مجھے اپنے کیریر میں کسی سے کوئی شکایت نہیں رہی۔ کھویا بہت کم اور پایا بہت کچھ۔ تجربہ ہوا اور اداکاری میں نکھار آیا۔ معاشی اور سیاسی فرنٹ پر آگے آیا۔ اس کی بنیاد میرا کیریر ہی ہے۔ آج میں جو کچھ بھی ہوں، اس کے لیے میں خدا کا شکر ادا کرتا ہوں۔ یہ بات ضرور ہے کہ کچھ لوگ کہتے ہیں کہ میں سب کچھ بنا لیکن امیتابھ بچن نہیں بن سکا۔ ان لوگوں سے میں یہی کہتا ہوں کہ میری کامیابی کا پیمانہ یہ نہیں ہے کہ میں کیا نہیں بن سکا؟ میری کامیابی کا پیمانہ یہ ہے کہ بہت سے لوگ ایسے بھی نہیں بن سکے جو شترو گھن سنہا بنا۔ ابھی تو آگے بہت کچھ حاصل کیا جا سکتا ہے۔ یہ اسی طرح کا قصہ ہے کہ مندر میں ایک لڑکا پوجا کر رہا تھا اور بھگوان سے ایک جوڑی خوبصورت جوتے مانگ رہا تھا۔ دعا مانگ کر جب وہ پیچھے گھوما تو اس نے دیکھا کہ ایک شخص بیساکھیوں کے سہارے پوجا میں مگن ہے۔ اس کے دونوں پاؤں ہی نہیں تھے۔ اس لڑکے نے فوراً بھگوان کا شکر ادا کیا کہ میرے پاس جوتا نہیں تو کیا ہوا، پاؤں تو ہیں۔

تو میں کن کن باتوں کا شکر ادا کروں؟ جو نہیں پایا اس کے لیے پریشان رہوں یا اس کے لیے شکر گزار بنوں جو میں نے حاصل کیا؟ اگر آپ امیتابھ بچن سے پوچھیں تو وہ کہے گا کہ یہ تو ایک گہرا سمندر رہے، مجھے افسوس ہے میں ڈسٹن ہوفمین نہیں بن سکا۔ ڈسٹن ہوفمین سے پوچھیں تو وہ کہے گا کہ مارلن برانڈو نہیں بن سکا۔ مارلن برانڈو سے پوچھیں تو وہ کہے گا رکس ہیریسن نہیں بن سکا۔ رکس ہیریسن سے پوچھیں تو کہے گا کہ کلارک گیبل نہیں بن سکا۔ یہ فہرست کہیں ختم نہیں ہوگی۔

سوال: جو کچھ آپ نے اب تک کیا، کیا اس سے مطمئن ہیں؟

جواب: نہیں۔ مطمئن ہونا تو وقتی ہوتا ہے، لمحاتی ہوتا ہے۔ البتہ عام لوگوں کے مقابلے میں جو میں نے کیا اور ایک مشہور اور ہر دلعزیز شخص اور شخصیت بنا، اس کے لیے میں خدا کا شکر گزار ہوں۔ خوشی کے ساتھ ذمہ داری کا احساس بھی ہوتا ہے۔ جتنی بڑی شخصیت، اتنی ہی زیادہ لوگوں کی امیدیں۔ اس لیے مطمئن تو میں ہو ہی نہیں سکتا۔ مطمئن ہونے کا مطلب ہے ختم ہو جانا۔ آخری سیڑھی۔۔۔ یعنی ڈیڈ (فنا)۔ میں جتنا کر رہا ہوں، جو بھی کروں یا جہاں تک پہنچ جاؤں، مطمئن ہونے کے لیے ناکافی ہے۔ ستاروں سے آگے جہاں اور بھی ہیں۔ ابھی بہت منزلیں طے کرنا باقی ہیں۔

سوال: وہ کون ہیں جنہوں نے آپ کی کامیابی میں اہم کردار ادا کیا؟

جواب: خدا اور ماں باپ کے علاوہ چند دوستوں نے بہت مدد کی۔ لڑکیوں میں ممتاز کا عمر بھر احسان مند رہوں گا۔ سنجیو کمار نے بہت مدد کی۔ ایسے ہی کچھ اور لوگ بھی ہیں۔ میں خوش قسمت ہوں کہ بہت اچھے دوست ملے۔ کئی اچھے دوست چھوڑ کر چلے بھی گئے۔

سوال: پہلے کے ویلن اور آج کے ویلن میں کیا فرق ہے؟

جواب: ان دونوں کے درمیان ایک مضبوط پل تو شاید میں ہی بنا، جس نے کھل نائیکوں کی حیثیت کو منوایا۔ میرے دور سے پہلے تک کے کھل نائیکوں سے عام آدمی کو ڈر لگتا تھا۔ کھل نائیکوں کو لوگ بہت گندا آدمی سمجھتے تھے۔ آپ نے غور کیا ہوگا کہ آج تک شاید ہی کسی نے اپنے بچے کا نام پران یا جیون رکھا ہو۔ صرف اس لیے کہ یہ کھل نائیکوں سے جڑا ہوا نام تھا۔ لیکن میرے آنے کے بعد یہ شاید پہلی اور آخری بار میرے ساتھ ایسا ہوا کہ کھل نائیک کے پردے پر آتے ہی تالیاں بجیں۔ کھلنائیک نے ہیرو کو مارا تو تالی بجی۔ ہیرو نے شتروگھن سنہا کھلنائیک کو مارا تو نائیک کو گالی ملی۔ میرے اسٹائل کو اپنایا گیا اور آج تک لوگ اپنا رہے ہیں۔ ایسا نہ سنا گیا اور نہ اس سے پہلے دیکھا گیا۔ پوری دنیا کے مشہور اخباروں نے میرے بارے میں لکھنا شروع کیا کہ صاحب، ہندوستان میں پہلی بار فلموں

کی تاریخ میں ایک لڑکا کھلنائیک بن کر آیا جس کے پردے پر آنے سے اس کے حصے میں ہیرو سے زیادہ تالیاں آتی ہیں۔ اور نائیک سے زیادہ اس کی تعریف ہوتی ہے۔ تالیوں کا وہ دور پھر کسی ویلن کے حصے میں نہیں آیا۔ میرے معاملے میں وہ اسپیشل کیس تھا۔ لیکن اتنا ضرور ہوا کہ میری وجہ سے دوسرے کھل نائیکوں کو قدرے راحت ملی۔ اب پارٹیوں میں کھل نائیک دکھائی دیتے ہیں، سوسائیٹی میں دکھائی دیتے ہیں، اچھے اچھے گھروں میں دکھائی دیتے ہیں۔ وہ سمجھتے ہیں کہ یہ صرف پردے پر ایک کردار نبھاتا ہے۔ وہ بھرم، وہ طلسم ٹوٹ گیا۔ جس طرح سلیم جاوید نے کہانی نویسوں کا وقار بلند کیا تھا، اسی طرح یہ کہوں تو بے جا نہ ہوگا کہ کھل نائیکی کو خاص درجہ دلانے میں میرا بہت بڑا ہاتھ رہا ہے۔

سوال: تب آپ کو سولو فلمیں کرنا اچھا لگا یا ملٹی اسٹار فلمیں؟ اس لیے کہ پردے پر آپ کی موجودگی سے ساتھی فنکار آپ سے خائف رہتے تھے۔ آپ کو جو پیار پرستاروں کا ملا، جس طرح نصیب، دوستانہ، کالا پتھر، رام پور کا لکشمن، بھائی ہو تو ایسا، آ گلے لگ جا، کرانتی جیسی فلموں میں آپ نے دھوم مچائی اور ان میں ہیرو سے زیادہ آپ نے داد حاصل کی، اس سے ان کا مرعوب ہونا شاید فطری تھا۔

جواب: کچھ لوگ تو مجھ سے اتنا گھبرانے لگے کہ مجبوری میں مجھے سولو فلمیں کرنا پڑیں، میں کھل نائیک بن گیا یا بنا دیا گیا۔ اچھے اچھے ہیرو میرے ساتھ کام کرنے سے گھبرانے لگے تھے، بغلیں جھانکنے لگے تھے۔ بہانے ڈھونڈتے کہ: "یار، شترو گھن سنہا تو بہت لیٹ آتا ہے"۔ تو لیٹ تو میں پہلے بھی آتا تھا۔ راتوں رات کیسے یاد آ گیا؟ "جی وہ تو بڑا اسٹائل لیتا ہے۔" تو اسٹائل تو میں پہلے بھی فلموں میں لیتا تھا، اب کیسے اکھرنے لگا؟ بہانے ڈھونڈنے لگے۔ یہ تو کہہ نہیں پائے کہ برا اداکار ہے۔ بہر حال کئی اداکاروں نے میرے ساتھ کام کرنے سے انکار کرنا شروع کر دیا۔ میں تو عوام اور اپنے پرستاروں کا شکر گزار ہوں جنہوں نے مجھے ویلن سے ہیرو کا پروموشن دیا، جس سے میری عزت بھی بچ گئی اور روزی روٹی بھی۔ ملٹی اسٹار فلم میں بھی لوگ کہتے تھے کہ چھوڑو یار شترو کو، ششی کپور کو لے لو، فیروز خاں یا ونود کھنہ کو لے لو۔ فلم "کالا پتھر" میں بھی میں آخری انتخاب تھا۔ یہ بات دوسری ہے کہ فلم کی نمائش کے بعد میں عوام کی پہلی پسند تھا۔ نہ امیتابھ بچن کی خواہش تھی اور نہ ہدایت کار یش

چوپڑہ کی۔ یہ تو سلیم جاوید اور خاص طور سے سلیم کی آرزو تھی۔ انہوں نے مجھ سے زور دے کر کہا تھا کہ یہ لوگ ایسے حالات پیدا کریں گے کہ تم "انکار" کر دو، لیکن تم دل میں ٹھان کر ہماری لاج رکھ کر 'ہاں' کر دینا۔ سنا ہے کہ امیتابھ بچن، ونود کھنہ اور فیروز خاں کا نام دے چکے تھے۔ کچھ لوگ کسی اور کو لینے کی بات کر رہے تھے۔ 'کالا پتھر' کے بعد پھر مصیبت آئی۔ امیت جی نے تین چار فلموں کے بعد میرے ساتھ کام کرنے سے انکار کر دیا۔ خدا بھلا کرے ان کا، میں نے تو منع نہیں کیا۔ میں نے تو آج تک نہ ان سے اس کا سبب پوچھا اور نہ پوچھنے کی خواہش رہی کہ آپ نے ایسا کیوں کیا؟

سوال: کیا آپ کا رول اس وقت کسی اداکار نے کم کروایا جب آپ اس پر حاوی ہو رہے تھے؟

جواب: ہو سکتا ہے۔ لیکن میں نے کبھی ان باتوں کی پرواہ نہیں کی۔ میں نے آج تک نہ کوئی گروپ بنایا نہ کیمپ۔ نہ آج تک کسی ہدایتکار کی خوشامد کی، نہ کسی فلمساز سے یہ کہا کہ مجھے آپ کی یہ فلم کرنی ہے۔ جو بھی فلمیں کیں، خدا کا شکر ہے کہ اپنی شرط پر کیں۔ میں نے ہمیشہ کہا کہ شیر بھوکا مر جائے گا لیکن بیڑی نہیں پیے گا۔۔۔ گھاس تو پرانی بات ہو چکی ہے۔ کسی نے کیا ہو گا یا کروایا ہو گا، لیکن میں ان باتوں کی شکایت نہیں کرتا۔ اس لیے چاہے چھ سین کا کردار رہا ہو یا ایک سین کا یا پوری فلم کا رہا ہو، چاہے مہمان آرٹسٹ کی حیثیت سے ہو، اس میں بھی اسکور کرنے کا اسکوپ ملا اور میں نے اسکور کیا۔ لوگوں نے دیکھا ہے، سراہا ہے اور یاد کیا ہے۔

سوال: بطور اداکار آپ کے پلس پوائینٹ اور مائنس پوائینٹ؟

جواب: میرا پلس پوائینٹ آتم وشواس یعنی خود اعتمادی۔ اس کے علاوہ مستقل مزاجی اور ٹھنڈا مزاج۔ جتنی گرمی پردے پر، اتنا ہی شانت عام زندگی میں۔ ہر وقت حوصلوں کا سنگم۔ منفی پہلوؤں میں: کسی پر فوراً بھروسا کر لینا اور بہت زیادہ جذباتی ہوں۔

سوال: آج کی فلموں میں جو تبدیلی آئی ہے، اس پر آپ کیا کہیں گے؟

جواب: آج جو کچھ بھی ہو رہا ہے، کچھ زیادہ ہی ہو رہا ہے۔ آج گلیمر کے نام پر گھٹیا سیکس کی نمائش

ہوتی ہے۔ ایکشن کے نام پر خوفناک مار دھاڑ دکھائی جاتی ہے۔ اسٹائل کے نام پر، کپڑوں کے نام پر جسم کی نمائش ہو رہی ہے۔ اداکاری کے نام پر اخباری رومانس ہو رہا ہے۔ یہ سب تبدیلیاں آئی ہیں۔ اسی لیے آپ دیکھ رہے ہیں کہ آج جتنے نئے اداکار آرہے ہیں، وہ آبعد میں رہے ہیں، جا پہلے رہے ہیں۔ یہ "فرائی ڈے نائٹ اسٹار" ہیں۔ ایک رات کی زندگی ہے، آئے اور چلے گئے۔ گم ہو گئے اندھیرے میں۔ ہم لوگوں کے زمانے تک جو دور رہا وہ اور تھا۔ آج بھی ہم لوگوں کو عزت ملتی ہے، ہماری اہمیت کو سمجھا جاتا ہے۔ یہ بات نئے لوگوں میں نہیں ہے، ان کی اور ان کی فلموں کی وجہ سے نہیں ہے۔ اس لیے آج ہم لوگوں کے متعلق کہا جا رہا ہے کہ اولڈ از گولڈ، اور ان کے بارے میں کہا جا رہا ہے: اولڈ، گولڈ، بولڈ۔

سوال: سب سے موثر میڈیا فلمیں ہیں۔ ان کے ذریعے پیغام دینے کے آپ کس حد تک قائل ہیں؟

جواب: جسم کی نمائش، مار دھاڑ اور بے سر پیر کی کہانی کے بیچ چار لائن کا پیغام ڈالنے سے کچھ نہیں ہوتا۔ شروع سے راستہ بنانا پڑتا ہے۔ "اپکار" سے کھیتی پر زور دیا گیا۔ "پورب اور پچھم" سے ہندوستانی تہذیب پر روشنی ڈالی گئی۔ مافیا اور مزدوروں کے استحصال کا مسئلہ آپ نے میری فلم "کالکا" میں دیکھا۔ "بہاری بابو" میں نے ایک فلم بنائی تھی، جس میں ایک پیغام تھا۔ گوتم گھوش کی فلم جو دنیا کی بہترین فلم قرار دی گئی تھی "اوشیل جوئی جاترا" تھی، یہ ستی کی رسم کے خلاف تھی۔ تو پیغام کیوں نہیں دیا جا سکتا؟

سوال: پرانے وقتوں کی مثال دیں تو لوگ کہتے ہیں کہ اس زمانے کی بات ہی کچھ اور تھی، آج اس معیار کی فلمیں کیوں نہیں بنتیں؟

جواب: ہم کہانی میں مار کھاتے ہیں۔ آج اچھے لکھنے والوں کی کمی ہے۔ ویڈیو دور نے کہانی نویسوں کی صلاحیتوں پر کہیں روک لگا دی ہے۔ وہ زیادہ تر نقل پر یقین رکھتے ہیں۔ یہ دیکھا، اس کو توڑ لو۔ وہ دیکھا اس کو موڑ لو۔ پاکستانی یہاں سے مار لیتے ہیں، ہم لوگ وہاں سے چرا لیتے ہیں۔ 'اوریجنلیٹی' غائب ہو

گئی ہے۔ پہلے فلمیں بھی بہت کم بنتی تھیں۔

سوال: سبھاش گھئی کی کامیابی میں آپ کا بھی بڑا ہاتھ ہے۔ کالی چرن، وشواناتھ، گوتم گووندا اس کی مثالیں ہیں۔ کیا وجہ ہے کہ 'گوتم گووندا' کے فلاپ ہو جانے پر انہوں نے پھر آپ کو دوبارہ موقع نہیں دیا؟

جواب: یہ سوال تو آپ کو سبھاش گھئی سے ہی پوچھنا چاہیے۔ سبھاش گھئی نے کسی ٹی۔ وی انٹرویو میں کہا ہے کہ: میں تو کب سے کوشش کر رہا ہوں کہ زندگی میں اپنے بہترین دوست شترو گھن سنہا کے لیے اپنی فلم میں کوئی کردار نکالوں۔ اس پر میں یہ کہتا ہون کہ سبھاش گھئی جھوٹ بھی بولیں تو ذرا اسٹائل سے بولیں، ورنہ بات پکڑ میں آ جائے گی۔ اور طریقے بھی ہیں جھوٹ بولنے کے۔ اگر واقعی کردار نہیں نکلتا تو کہانی بدل دیتے۔ دوسرے لوگوں کے لیے کردار نکل سکتے ہیں، میرے لیے نہیں۔۔۔؟ کچھ لوگوں کی ایسی ہی فطرت ہوتی ہے کہ زندگی میں جن کی مدد سے آگے بڑھتے ہیں، جب ان کا وقت آتا ہے تو اپنے مددگاروں سے پلہ چھڑا لیتے ہیں۔ بہر حال میں اس معاملے میں کچھ اور نہیں کہوں گا۔

سوال: لوگ فلمی ستاروں سے ذاتی سوالات کرتے ہیں، یہ کہاں تک جائز ہے؟ اسٹار عوام کی ملکیت ہیں، عوام ان کے کھانے پینے، رہنے سہنے غرض ان کی ہر بات جاننے کو بے تاب رہتے ہیں۔

جواب: ستارے بنتے کیسے ہیں؟ کسی بھی فلم کا اسٹارڈم عوام کا بخشا ہوا ہوتا ہے، چاہے کوئی پراڈکٹ ہو یا انسان۔ وکیل رام جیٹھ ملانی ہو یا ڈاکٹر ڈھولکیا یا صحافی ارون شوری۔ فلمی ستارے امیتابھ بچن، شترو گھن سنہا، دھرمیندر ہو یا کوئی اور۔۔۔ سب عوام کی بدولت اسٹار ہیں۔ ظاہر ہے عوام کی دلچسپی ان میں زیادہ ہوتی ہے۔ اس لیے عوام ان کے ہر عمل کے بارے میں جاننا چاہیں گے کہ ہمارا اسٹار کیا کرتا ہے؟ کیا پہنتا ہے، کیسی حرکتیں کرتا ہے۔ ذاتی زندگی چھپانے کا آپ کو حق ہے تو اتنا ہی حق عوام کو ہے اس بارے میں پتا لگانے کا۔ اب جو بھی جیت جائے۔ آپ کو شراب پینا ہے تو کمرے کے اندر

رہ کر پیجیے۔ لیکن آپ دروازہ یا کھڑکی کھلی رکھیں گے تو ظاہر ہے بات چوراہے پر پہنچے گی۔

سوال: آپ کے حساب سے ہندی فلموں کا سنہرا دور کون سا تھا؟

جواب: اپنا اپنا نظریہ ہے۔ کچھ لوگ دلیپ کمار، راج کپور، دیو آنند کے دور کو سنہرا دور کہتے ہیں۔ فیصلہ کرنا بڑا مشکل ہے۔

سوال: اچھا، اگر سنہرا دور نہیں تو اپنی پسندیدہ فلموں کے نام بتا دیجیے۔

جواب: فلم "ملاپ" جو سپر فلاپ ہوئی تھی۔ سمجھوتا، آ گلے لگ جا، دوست، کالکا، کالا پتھر، کرانتی، نصیب، دوستانہ اور فلم "خود غرض" جو میرے دل کے بہت قریب تھی۔ گوتم گھوش کی فلم جو تاشقند فلم فیسٹول میں دنیا کی بہترین فلم قرار دی گئی۔

سوال: آپ کو فلم انڈسٹری میں آئے لاتعداد سال گزر گئے۔ آپ اس انڈسٹری میں اب کیا تبدیلی محسوس کرتے ہیں؟

جواب: سب سے بڑی چیز جو میں نے محسوس کی یا سب سے بری چیز جو میں نے محسوس کی وہ یہ کہ فلم انڈسٹری میں دوستی، ڈسپلن، پیار اور اتحاد صرف پردے پر پایا جاتا ہے۔ اس انڈسٹری میں نہ دوستی ہے، نہ پیار، نہ اتحاد ہے اور نہ ڈسپلن۔

سوال: آپ ہمیشہ خبروں کی سرخیوں میں رہے، اسے آپ ہمیشہ اپنے حق میں نقصان دہ سمجھتے ہیں یا فیض رساں؟

جواب: میں آشاوادی ہوں، اس لیے فائدہ ہی محسوس کرتا ہوں۔

سوال: آج لوگوں کے دلوں میں نفرت کی جو خلیج پیدا ہو گئی ہے، اس کو دور کرنے کے لیے ہم کیا کر سکتے ہیں؟

جواب: فلموں کے ذریعے تو خیر ہم کوشش کرتے ہی رہتے ہیں، لیکن اس سے زیادہ ہمارے

سیاستدانوں کا فرض بنتا ہے جن کا سماج میں اثر و رسوخ ہوتا ہے۔ ان لوگوں کو آگے آ کر یہ بتانا اور سمجھانا ہو گا کہ ان فرقہ وارانہ جھگڑوں سے کیا حاصل؟ ہم سب کی رگوں میں بہتا لہو لال ہے۔ ہماری ضرورت ایک ہے، ہمارے جذبات ایک ہیں۔ ہمارا وطن ایک ہے، بھارت ہماری مادرِ وطن ہے۔ ہم سب ایک ہی دھرتی کی سنتان ہیں۔ صرف ووٹ اور اپنے مفاد کے لیے لوگوں کو گمراہ نہ کریں۔

سوال: آپ نے اپنی منزل پا لی یا ابھی کوئی خواہش باقی ہے؟

جواب: خواہشیں ہیں۔ بہت سی ہیں۔ آرزوئیں اور آسودگی ایک ہی سکے کے دو رخ ہیں۔ میرے خیال سے اگر میں اپنا لائف ٹائم کردار کر بھی لوں تو مجھے پتا نہیں چلے گا کہ میں نے کر لیا ہے یا کرنا باقی ہے؟

سوال: آپ کس طرح یاد کیے جانا پسند کریں گے؟

جواب: ایک بھلا آدمی جو اپنے عوام، اپنی ریاست، اپنے دیش اور فلم انڈسٹری کی خیرخواہی اور فلاح و بہبود کے لیے اپنی صلاحیتوں کا، اپنے اثر و رسوخ کا استعمال کرتے ہوئے اس دنیا سے چلا گیا۔

☆ ☆ ☆

ماخوذ: "شمع"، شمارہ: جنوری ۱۹۹۴ء

ہیما مالنی (پیدائش: ۱۶/ اکتوبر ۱۹۴۸ء، امن کوڈی - مدراس)

بالی ووڈ فلمی دنیا کی مقبول اور کامیاب رقاصہ اور اداکارہ رہی ہیں۔ اپنے فنی عروج کے دور میں انہیں "ڈریم گرل" کے خطاب سے نوازا گیا تھا۔ ان کی زیادہ تر فلمیں راجیش کھنہ، دیو آنند اور دھرمیندر کے ساتھ رہیں۔ بیسویں صدی کی ستر کی دہائی کے اختتام پر وہ بالی ووڈ میں سے زیادہ معاوضہ لینے والی اداکارہ رہی تھیں۔ ممتاز اداکار دھرمیندر سے ۱۹۸۰ء میں انہوں نے شادی کی جس سے انہیں دو لڑکیاں ہیں ایشا دیول اور اہانہ دیول۔ بھارتیہ جنتا پارٹی سے سیاسی وابستگی رکھتی ہیں اور ۲۰۱۱ء میں راجیہ سبھا کی رکن بھی منتخب ہو چکی ہیں۔

اداکارہ کے طور پر طویل عرصے تک دھوم مچانے کے بعد ہیما مالنی پروڈیوسر و ڈائرکٹر کی حیثیت سے فلم "دل آشنا ہے" کے ذریعے فلم بینوں کے سامنے آئی تھیں۔ اس موقع پر ان سے لیا گیا ایک انٹرویو پیش ہے۔

انٹرویو : ۹

ہیما مالنی: اداکارہ سے فلمساز و ہدایتکار بننے کے فیصلے تک

سوال: آپ فلمی دنیا میں کیسے وارد ہوئیں؟

جواب: میں نے چھوٹی سی عمر میں ڈانس کی تعلیم دلی میں لی تھی۔ چھ سات برس کی عمر میں ہی میں نے ملکہ الیزبتھ، پنڈت نہرو، ڈاکٹر ذاکر حسین جیسی عظیم ہستیوں کی موجودگی میں ڈانس کے کئی پروگرام پیش کیے۔ جنوبی ہند کے مشہور پروڈیوسر ڈائرکٹر سری دھر (جنہوں نے فلم 'دل ایک مندر [۱۹۶۳ء]' بنائی تھی) نے مجھے اپنی فلم کے لیے چنا۔ مگر بعد میں کسی وجہ سے میں اس فلم میں نہیں رہی، اس سے مجھے بہت برا لگا۔ اس کے بعد بی۔ اننت سوامی نے "سپنوں کا سوداگر" فلم آفر کی، جس کے ہیرو راج کپور تھے۔ ایک بار نظر انداز کیے جانے کی وجہ سے مجھ میں ایسی طاقت پیدا ہو گئی تھی کہ اس آفر کو میں نے ایک چیلنج کے طور پر قبول کر لیا۔ اور آج میں آپ کے سامنے ہوں۔ میرے خیال میں اب تک (سن ۱۹۹۲ء تک) کل ملا کر ۲۰۰ سے زیادہ فلموں میں کام کر چکی ہوں۔

سوال: فلمی دنیا میں آپ جب آئی تھیں تو اپنے ساتھ کیا سپنے لے کر آئی تھیں؟

جواب: آپ کو یہ جان کر شاید تعجب ہو گا کہ میرا کوئی سپنا نہیں تھا۔ ہاں میری ماں کا سپنا ضرور تھا کہ وہ مجھے چوٹی کی کلاسیکل ڈانسر اور اداکارہ بنا ہوا دیکھیں۔ مجھے خوشی ہے کہ میں نے اپنی ماں کا سپنا کسی حد تک پورا کر دکھایا۔ میری ماں نے مجھے ڈائرکٹر بنانے کے بارے میں کبھی نہیں سوچا تھا۔ ڈائرکٹر بننا میرا ذاتی فیصلہ تھا۔

سوال: آپ اداکارہ سے ڈائرکٹر کیسے بن گئیں؟

جواب: بہت دنوں سے میری آرزو تھی کہ میں اپنی مرضی کے مطابق کلاسیکل ڈانس پردے پر لوگوں کے سامنے پیش کروں۔ ایکٹنگ کے دور میں تو ایسا موقع نہیں ملا۔ اس لیے میں نے سوچا کہ دوردرشن کا سہارا لوں اور جو کچھ میرے ذہن میں ہے اسے چھوٹے پردے کے ذریعہ عوام تک پہنچاؤں۔ دو تین ڈائرکٹروں سے اس سلسلے میں تبادلۂ خیال کیا۔ مگر شاید وہ لوگ میری بات پوری طرح نہیں سمجھ سکے۔ اس لیے میں نے خود "نوپور" کی ڈائرکشن کا بار سنبھالا۔ "نوپور" کی کامیاب ڈائرکشن کے بعد مجھے محسوس ہوا کہ میں کافی حد تک اپنی سوچ کو پردے پر کامیابی کے ساتھ پیش کر سکتی ہوں۔ اور اسی خوداعتمادی کے ساتھ میں نے فلم "دل آشنا ہے" کی پروڈکشن اور ڈائرکشن کا اہم فیصلہ کیا۔

سوال: سب سے پہلے بھرت ناٹیم ڈانسر، پھر کامیاب اداکارہ اور اب ڈائرکٹر اور پروڈیوسر۔۔۔ ان چاروں میدانوں میں آپ کیا فرق محسوس کرتی ہیں؟

جواب: ڈانس میرا پہلا پیار ہے۔ ڈانس کرتے وقت مجھے اندرونی آسودگی ملتی ہے۔ ڈانس میری زندگی کا اٹوٹ حصہ ہے۔ ایکٹنگ کرنا بھی مجھے اچھا لگتا ہے۔ مگر ایکٹنگ کرتے وقت کیمرہ، ڈائیلاگس، ڈائرکٹر کی ہدایات جیسی کئی باتوں کے دائرے میں گھرے رہنا پڑتا ہے۔ خود ڈائرکٹر بن کر ڈھیر ساری ذمہ داریوں کو ایک ساتھ سنبھالنا پڑتا ہے۔ فلم پروڈکشن کے ہر پہلو کا باریکی سے دھیان رکھنا پڑتا ہے۔ مگر فلم پروڈکشن میں اس کے ساتھ کچھ تخلیقی کام کرنے کی بھی خوشی حاصل ہوتی ہے۔ اس لیے فلم ڈائرکشن کرنا مجھے اچھا لگتا ہے۔

سوال: "دل آشنا ہے" جیسا چھوٹا اور الگ سا ٹائٹل کیسے چنا؟

جواب: مجھے اچھا لگا کہ عوام میں "آشنا" جیسا دلکش لفظ عام ہو اور ٹائٹل سے ہی انفرادیت جھلکے۔

سوال: فلم "دل آشنا ہے" کے بارے میں کچھ بتائیں۔

جواب: یہ حالات کے شکنجے میں جکڑی ہوئی ایسی لڑکی کی کہانی ہے جو کوٹھے پر پلی بڑھی۔ جوان

ہونے پر اسے پتا چلا کہ اس کی اصلی ماں کوٹھے والی نہیں، کوئی اور ہے۔ اصل ماں کی تلاش اسے تین عورتوں تک لے گئی جو گہری سہیلیاں رہ چکی تھیں۔ ان میں سے ایک اس کی ماں تھی، مگر افسوس ان میں سے کوئی بھی اس بدنصیب کو اپنی لڑکی بنانے پر تیار نہ ہوئی۔ اس کے بعد کی کہانی آپ پردے پر دیکھیں تو اچھا رہے گا۔

سوال: آپ نے اس طرح کا موضوع کیوں پسند کیا؟

جواب: پہلی بات یہ کہ یہ مجھے ایک الگ اور دلچسپ موضوع لگا۔ تین سہیلیوں کی اس عجیب و غریب کہانی میں ایک سہیلی بن بیاہی ماں بنتی ہے تو تینوں سہیلیاں اس بچی کی ماں بن جاتی ہیں۔ اس دوستی نے مجھے بہت متاثر کیا۔ جب وہ لڑکی لاوارث ہو جاتی ہے تو بڑی ہونے پر اس پر کیا گزرتی ہے؟ اس کا اپنی اصل ماں کی تلاش میں دوڑ دھوپ کرنا۔۔۔ یہ ساری باتیں فلم میں دلچسپی کو برقرار رکھتی ہیں۔ میں نے اسے نئے انداز میں کمرشیل فلم کی ضرورتوں کو نظر میں رکھ کر فلمایا ہے۔

سوال: آئندہ آپ کس قسم کی فلمیں پسند کریں گی؟

جواب: میں فلم پروڈکشن کو ایک پروفیشن مانتی ہوں اور میں ہمیشہ مرکزی دھارے کی فلمیں ہی بناؤں گی۔ ساتھ ہی میری یہ کوشش رہے گی کہ میری فلم عام فلموں سے کچھ ہٹ کر ہو، صاف ستھری ہو اور دیکھنے والوں کو بھرپور تفریح دے سکے۔ عورت کے گرد گھومتی ہوئی فلمیں بنانے کا خیال بھی میرے ذہن میں ہے۔

سوال: جب ڈائرکٹر عورت ہو تو کام کرتے وقت کیا کوئی خاص دقت سامنے آتی ہے؟

جواب: جہاں تک میرا تعلق ہے، میرے یونٹ کے اور آرٹسٹوں کے دماغ میں یہ بات بیٹھی ہوئی تھی کہ وہ ایکٹریس سے ڈائرکٹر بننے والی ہیما مالنی کے ساتھ کام کر رہے ہیں۔ انہیں یقین تھا کہ میں اپنا کام بخوبی جانتی ہوں، اس لیے میرے سامنے کام کرتے وقت کوئی پریشانی نہیں آئی۔

سوال: ڈائرکشن کے فن میں آپ نے کون سے ڈائرکٹروں کا اثر قبول کیا ہے؟

جواب: خوش قسمتی سے ایکٹریس کے طور پر کافی بڑے بڑے اور مشہور ڈائرکٹروں کے ساتھ کام کیا ہے۔ ایکٹنگ کرتے وقت انجانے میں ہی بہت سی باتیں میرے دماغ میں نقش ہو گئیں، حالانکہ ان باتوں کا مجھے کوئی شعوری علم نہ تھا۔ میں جب ڈائرکٹر بنی تو میرا تجربہ میرے بہت کام آیا۔ کام کرتے وقت میرے ذہن میں تمام باتیں صاف صاف ابھرنے لگیں اور مجھے کبھی کوئی دقت پیش نہیں آئی۔

سوال: کیمرے کے پیچھے ڈائرکٹر اور کیمرے کے سامنے ایکٹریس۔ ان دونوں حیثیتوں میں آپ کیا فرق محسوس کرتی ہیں؟

جواب: ایکٹریس کے طور پر زیادہ بے فکری رہتی ہے، سیٹ پر گئے، کام کیا اور واپس گھر لوٹ آئے۔ مگر جب ڈائرکٹر ہوئی ہوں تو ذمہ داریوں کا بوجھ ہر وقت سر پر رہتا ہے۔ ڈائرکٹر کے روپ میں فلم کے اداکاروں کا انتظار کرنا مجھے خاص طور پر کھلتا تھا۔ حالانکہ میرے سارے آرٹسٹوں نے مجھے کافی تعاون دیا۔ پھر بھی تھوڑا بہت انتظار کرنا ہی پڑتا تھا۔ اس انتظار نے مجھے یہ سوچنے پر مجبور کر دیا کہ میں بھی جب کبھی ایکٹریس کی حیثیت سے سیٹ پر کسی وجہ سے دیر سے پہنچتی تھی تو اس فلم کے پروڈیوسر اور ڈائرکٹر کے دل پر کیا گزرتی ہو گی؟

سوال: فلم 'دل آشنا ہے' پردے پر دیکھ کر آپ کو کیسا لگتا ہے؟

جواب: فلم دیکھ کر میں یقین کے ساتھ کہہ سکتی ہوں کہ میں نے اپنی طرف سے عام فلموں سے ہٹ کر الگ قسم کی دلچسپ فلم لوگوں کو پیش کرنے کی کوشش کی ہے۔ ساتھ میں یہ ایک صاف ستھری تفریحی کمرشل فلم ہے۔ ڈائرکٹر کے طور پر میں نے اپنے تجربے اور آگاہی سے فائدہ اٹھا کر اپنے کام سے پورا انصاف کیا ہے۔

سوال: ایکٹریس ہیما مالنی کی ڈائرکٹ کی ہوئی فلم سے فلم بینوں کو کچھ زیادہ ہی امیدیں ہوں گی۔ آپ کی نظر میں یہ پہلو فیض رساں ہے یا نقصان دہ؟

جواب: میں پہلے سے کیا کہہ سکتی ہوں؟ فلم ریلیز ہونے کے بعد ہی اس بات کا پتا چلے گا۔ فلم دیکھنے والوں کے رد عمل کا مجھے بھی بڑی بے صبری سے انتظار ہے۔

سوال: اسٹیج شوز، ایکٹنگ، ڈائرکشن۔۔۔ اتنی ساری مصروفیات کیا آپ اسی طرح جاری رکھیں گی؟

جواب: ضرور۔ ڈانس کرنا میں کبھی نہیں چھوڑوں گی۔ نئے نئے موضوعات پر ڈانس کے تجربے مثلاً اسٹیج پر کہانی کے ساتھ لوگ ڈانس پسند کرتے ہیں۔ آج کل میں اس طرح کے شوز کر رہی ہوں۔ اگر کوئی فلم رول مجھے پسند آئے تو میں اس آفر کو بھی قبول کروں گی۔ فلموں کی پروڈکشن اور ڈائرکشن بھی جاری رکھوں گی۔ یہ تمام مصروفیتیں ایک ساتھ تو نہیں ہوتیں، اس لیے میرا خیال ہے کہ ان سب کاموں کے ساتھ پورا انصاف کر سکوں گی۔

سوال: اتنی مصروفیتوں کے ساتھ کیا آپ گھر میں بچوں کو وقت دے پاتی ہیں؟

جواب: مجھے یقین ہے کہ جتنا وقت ان کے لیے دینا ضروری ہے، اتنا وقت میں ان کے ساتھ گزارتی ہوں۔ ان کا مستقبل سنوارنے کے لیے جو بھی کرنا ضروری ہے، وہ میں کر رہی ہوں۔

سوال: آپ اپنی کامیابی کا سہرا کس کے سر باندھتی ہیں؟

جواب: آج میں جو کچھ ہوں، اس کی وجہ ایشور کی کِرپا ہے۔ ساتھ ہی ہماری دنیا میں نصیب کا بہت بڑا ہاتھ ہوتا ہے۔ کیونکہ اگر نصیب اچھا ہے تو ساری باتیں ٹھیک ہو جاتی ہیں۔

سوال: زندگی میں اتنا کچھ حاصل کرنے کے بعد کیا آپ کو اطمینان میسر ہے؟

جواب: میں نے زندگی میں ابھی تک جو کچھ حاصل کیا ہے، اس سے بھی زیادہ حاصل کرنا ہے، ابھی تو زندگی میں بہت کچھ کرنا باقی ہے۔

☆☆☆

ماخوذ: 'شمع'، شمارہ: دسمبر ۱۹۹۲ء

ڈمپل کپاڈیہ (پیدائش: ۸/جون ۱۹۵۷، بمبئی)

نے بالی ووڈ فلمی دنیا میں اپنی پہلی ہی فلم "بابی" (ریلیز: ۱۹۷۳ء) کے ذریعے دھماکہ خیز داخلہ لیا تھا اور اس قدر فنکارانہ مہارت کے ساتھ اداکاری کی کہ بڑے بڑے فلمی ناقد یہ کہنے پر مجبور ہوئے کہ یہ نئی اداکارہ بالی ووڈ کے گرتے ہوئے باکس آفس اپیل کو بحال کرے گی۔ مگر انہوں نے اس فلم کی ریلیز کے بعد ہی اس وقت کے معروف سپر اسٹار راجیش کھنہ (وفات: ۱۸/جولائی ۲۰۱۲ء) سے شادی کر کے فلمی دنیا سے کنارہ کشی اختیار کر لی تھی۔ مگر یہ شادی ۱۹۸۲ء میں دونوں کی علیحدگی پر منتج ہوئی۔ اور ڈمپل کپاڈیا نے فلم ساگر (ریلیز: ۱۹۸۵ء) کے ذریعے دوبارہ بالی ووڈ میں داخلہ لیا۔ بابی کے بعد اپنی اسی دوسری فلم "ساگر" پر بہترین اداکارہ کا فلم فئر ایوارڈ حاصل ہوا تھا۔ فلم "ردالی" میں انہیں بہترین اداکارہ کا قومی سطح کا ایوارڈ بھی حاصل ہوا۔ ان کی یادگار فلموں میں بابی اور ساگر کے علاوہ کاش، درشٹی، لیکن، گردش، کرانتی ویر، دل چاہتا ہے، پیار میں ٹوئسٹ، دبنگ شامل ہیں۔ اگست ۲۰۲۰ء میں ریلیز ہونے والی ایکشن تھرلر سائنس فکشن انگریزی فلم ٹینیٹ [Tenet] میں ایک نمایاں کردار نبھایا ہے۔ 'شمع' کے اس انٹرویو میں انہوں نے مختلف نسائی، ازدواجی اور نفسیاتی موضوعات پر اپنے نقطہ نظر سے واقف کرایا ہے۔

انٹرویو : ۱۰

ڈمپل کپاڈیہ : عورت دھاندلی کیوں سہے

مدھوبالا کی طرح تماشائیوں کے دلوں میں امنگوں کا طوفان جگانے والی ایک کمسن الہڑ حسین ڈمپل "بوبی" میں اپنے پہلے سین میں شانِ بے نیازی کے ساتھ نمودار ہوئی تو تماشائی مبہوت سے ہو کر رہ گئے تھے۔ فلم کے ختم ہوتے ہوتے یہ بات بھی واضح ہو گئی کہ ڈمپل کپاڈیا نے کتنی فنکارانہ مہارت کے ساتھ اداکاری کی ہے؟ بڑی حد تک اس کی اداکاری کی بدولت ہی وہ فلم وجود میں آئی تھی جس کے لیے بڑے بڑے فلمی ناقدین نے کہا کہ یہ فلم فلمی دنیا کو اس کا کھویا ہوا اعتماد واپس بخشے گی۔ ایسے دھماکے کے ساتھ ڈمپل کے کیریر کا آغاز ہوا تھا۔ لیکن پھر عورت کا ازلی ارمان اس پر غالب آ گیا اور اس نے راجیش کھنہ سے شادی کر لی۔ اس کے بعد وہ فلموں سے دور ہو گئی، مگر ایک حسین سپنے کی طرح شروع ہونے والی شادی شدہ زندگی جب کچھ وجہوں سے ایک مسلسل عذاب بننے لگی تو دونوں ایک دوسرے سے الگ رہنے لگے۔

ڈمپل پھر فلموں کی دنیا میں لوٹ آئی۔ اور مہیش بھٹ کی فلم "کاش" اور آر کے نیر کی فلم "پتی پر میشور" میں اس کی اداکاری نے اسے سال کی اسٹار تو بنا ہی دیا ہے، یہ گواہی بھی دے دی ہے کہ وہ اپنے دور کی سب سے زیادہ ولولہ انگیز اداکارہ کا رتبہ حاصل کرنے والی ہے۔ کسی بھی لمحہ وہ دھوم مچاتی ہوئی سری دیوی کو مات دے سکتی ہے۔ کسی بھی پل وہ سب سے اونچی چوٹی پر پہنچ سکتی ہے، اس کے پاس وقت کافی ہے۔ ابھی تو اس کے کیریر کی شروعات ہی ہوئی ہے۔ ڈمپل پہلی ہندوستانی اداکارہ ہے جس نے ہندوستانی فلموں کی بے جان سی خوبصورت گڑیا اور بین الاقوامی پردہ فلم کی بھرپور شباب سے سرشار عورت کی درمیانی خلیج کو پاٹ دیا ہے، ویسے وہ مکمل طور پر ہندوستانی ہے۔ اس کی جڑیں

بمبئی میں ہیں۔ وہیں اس کا لڑکپن عیش و آرام میں گزرا ہے۔ اس کی شخصیت میں معصومیت ہے، بے باکی ہے، چھا جانے کی ادا ہے، گھائل کرنے اور گھائل ہونے کا انداز ہے۔ اس کی آنکھوں میں ستارے جھلملاتے ہیں۔ لیکن وہ کوئی گونگی، غبی مورت نہیں۔ اس کا سراپا نفاست، وقار، ہوش مندی، جذبوں کی آنچ اور تجربے کے ہالے میں گھرا ہوا ہے۔

وہ اسٹار کے علاوہ بھی بہت کچھ ہے۔ وہ ایک اسٹائل، ایک اسلوب ہے، ایک علامت ہے۔ ڈمپل جیسی اسٹار بننے کے لئے ایک اداکارہ کو خوبصورتی، صلاحیت، پہل کرنے اور آگے بڑھنے کی اہلیت اور انفرادی اسٹائل درکار ہوتا ہے۔ صرف پہل کرنے اور آگے بڑھنے کی اہلیت کسی کو چوٹی تک تو پہنچا سکتی ہے مگر کافی عرصے تک اس کے قدم وہاں نہیں جما سکتی۔ صلاحیت ذرا بہتر سہارا ہے، لیکن دوسری خوبیوں کے بغیر اس کی اہمیت بھی زیادہ نہیں۔ خوبصورتی کچھ دن تک ہنگامہ بپا کر سکتی ہے، جب تک رخصت نہ ہو جائے، انفرادی اسٹائل اکثر صرف گپ شپ کے کالموں کا موضوع بنتا ہے۔ پھر ان چاروں خوبیوں کے علاوہ ایک اور خوبی کی بھی ضرورت ہوتی ہے، اگر موقع نہ ملے یا قسمت ساتھ نہ دے تو سارے جوہر خاک میں مل جاتے ہیں۔ لیکن ڈمپل پر بھی قسمت مہربان ہے۔ یہاں تک کہ بری فلمیں بھی قسمت کو اس پر مہربان ہونے سے نہیں روک سکتیں۔ ڈمپل کسی بھی لحاظ سے عام عورت نہیں ہے، وہ جذباتی سہاروں سے اوپر اٹھ چکی ہے اور پورے اعتماد کے ساتھ اپنی ہر منزل کو خود ہی سر کرنا چاہتی ہے۔

سوال: تم دونوں کے درمیان باضابطہ طلاق کب ہو رہی ہے؟

جواب: اس سوال کی بوچھار مجھ پر لگاتار ہوتی رہتی ہے اور ہر بار مجھے یہی جواب دینا پڑتا ہے کہ کیسی طلاق؟ کہیں بھی طلاق کی کوئی کارروائی نہیں چل رہی ہے، اس طرح کا مقدمہ نہ کہیں راجیش نے دائر کیا ہے نہ میں نے۔

سوال: یعنی علیحدگی ہے بھی اور نہیں بھی ہے۔ کیا یہ ایک عجیب سا تضاد نہیں ہے؟

جواب: بالکل نہیں، شادی شدہ عورت کے ذہن میں طلاق یافتہ عورت کے بارے میں عموماً ست رنگے سپنے ہوتے ہیں۔ لیکن طلاق کے بعد یہ سارے سپنے ٹوٹ جاتے ہیں۔ اصل تضاد قانون اور سماج کے رویوں کا ہے۔ یہی تضاد عورت کو شروع میں نظر نہیں آتا۔

قانون تو عورت کے حق میں ہو سکتا ہے، مگر سماج ہمیشہ مرد کا ساتھ دیتا ہے۔ شادی شدہ جوڑے سابق جیون ساتھی عورت کے متعلق منطقی مربوط قائم رہنے والی رائے اور رویہ نہیں رکھتے، وہ اس کی عزت کر سکتے ہیں، اسے سراہ سکتے ہیں، یہاں تک کہ اس پر شک بھی کر سکتے ہیں۔ لیکن اس کی نجی زندگی میں وہ بے محل ہی رہتی ہے۔ اس کے لئے سماج کے نہ لگے بندھے ضابطے ہیں، نہ طور طریقے، کنواریوں کے لئے، بیویوں کے لئے، یہاں تک کہ بیواؤں کے لئے بھی سماجی رویوں کی تفصیل موجود ہے، لیکن یہ صراحت کہیں نہیں کہ طلاق یافتہ عورت سے کس طرح پیش آیا جائے۔ اس کا کوئی طے شدہ مقام نہیں، اس کے لئے روا رکھے جانے والے سلوک کا کہیں کوئی ذکر نہیں۔ اس لئے میں نے سوچا کہ معاملہ یوں ہی لٹکنے دو، نہ ادھر نہ اُدھر۔

سوال: تو پھر تم دونوں الگ ہی کیوں ہوئے؟

جواب: وہی پرانی کہانی ہے، ہماری شادی ناکام ہو گئی تھی، اس رشتے کے قائم نہ رہنے کا سبب کوئی نئی قسم کی ان بن یا ٹکراؤ نہ تھا۔ ان بن بھی پرانے ڈھنگ کی تھی، ٹکراؤ بھی پرانے انداز کا تھا۔ صرف اسے گھٹ گھٹ کر سہتے رہنے کو آمادہ نہ ہونا ذرا نیا رویہ تھا۔ جب گھریلو زندگی کی نیا برابر ہچکولے کھاتی رہی تو میں اس صدیوں پرانے تصور کا ساتھ نہ دے سکی کہ "خاندان کو بکھرنے سے بچانے کے لئے اپنی ہر خوشی کو تیاگ دینا چاہئے"۔ میں بہر حال آج کی عورت ہوں اور آج کی عورت حالات کو جانچے پرکھے بغیر صبر اور بے چارگی کے عالم میں آئے دن کی اَن بن کو برداشت کرنے کے لئے کم ہی آمادہ ہوتی ہے، میں ان میں سے نہیں جو یہ بھی مان لیں کہ ان کی شادی شدہ زندگی خوش گوار نہیں ہے اور اس کے باوجود اسے قائم رکھنے کے لئے سب کچھ جھیلتی رہیں۔

سوال: پچھلے دنوں تم نے بچیوں کے ساتھ کچھ وقت راجیش کھنہ کی رفاقت میں گزارا تھا، کیا یہ نباہ کی راہ تلاش کرنے کی کوشش تھی؟

جواب: جی نہیں۔ ویسے یہ سچ ہے کہ چند روز کے لئے ہم سب نیروبی میں ایک ساتھ رہے تھے، وہاں میں اپنی بیٹیوں کے ساتھ ہی کینٹ کی فلم "نمبر-۱" کی شوٹنگ کے لئے گئی تھی لیکن شوٹنگ کا انتظام صحیح نہ ہو سکا۔ بھیڑ اتنی زیادہ جمع ہو جاتی تھی کہ شوٹنگ کرنا ناممکن ہو گیا۔ راجیش کو پتہ چلا تو انہوں نے فون کیا کہ بچیاں کچھ دن کے لئے لندن آکر ان کے پاس رہ لیں۔ چونکہ بچیوں کے پاس لندن کا ویزا نہ تھا اس لئے راجیش خود ہی نیروبی آ گئے۔

سوال: راجیش کی زندگی سے ٹینا منیم کے نکل جانے کے بعد تم نے دوبارہ ملن کے بارے میں نہیں سوچا؟

جواب: فی الحال میں اس سوال کا جواب نہیں دے سکتی۔ لیکن یہ طے ہے کہ اگر کبھی میں ان کے پاس واپس گئی تو صرف اپنی دونوں بچیوں کی وجہ سے جاؤں گی۔ اور ایسا امکان دو چار سال بعد ہی سامنے آسکتا ہے، ابھی نہیں۔

سوال: کیا اس صورت میں شادی شدہ زندگی کو دوبارہ آزمانے سے سکون تمہاری زندگی میں لوٹ آئے گا؟

جواب: میں صرف اتنا کہہ سکتی ہوں کہ جب میں نے انہیں چھوڑا تھا تو بظاہر میری ہار ہوئی تھی۔ اب میں اگر (اور جب کبھی) ان کے پاس جاؤں گی تو میری یقینی جیت ہو گی۔

سوال: اچھا یہ بتاؤ، اس علیحدگی کی مدت میں بچیوں پر کیا اثر پڑا؟

جواب: عام طور پر علیحدگی سے بچوں پر برا ہی اثر پڑتا ہے۔ لیکن ہم نے جتن کر کے ان کی خوشیوں کی راہ میں کسی نفسیاتی الجھن کو آڑے نہیں آنے دیا ہے۔ باپ بیٹیاں آزادی سے، بے روک ٹوک ایک دوسرے سے ملتے رہے ہیں، ہم نے یعنی راجیش نے اور میں نے پوری کوشش کی ہے کہ بچیوں

کو زندگی میں کسی کمی کا یا اکھڑے اکھڑے رہنے کا احساس نہ ہو۔ اس کوشش میں زیادہ بار مجھ کو ہی اٹھانا پڑا ہے۔ میں نے ان کو ماں کی ممتا، ہمدردی اور گرم جوشی، باپ کا ڈسپلن اور رفاقت ایک ساتھ فراہم کی ہے۔ اس کے ساتھ یہ اہتمام بھی کیا ہے کہ میں چڑچڑی نظر نہ آؤں۔

سوال: آخر ہماری فلمی دنیا میں شادیاں اتنی زیادہ ناکام کیوں ہوتی ہیں؟

جواب: بہت سی وجہیں ہو سکتی ہیں، لیکن شاید سب سے بڑا سبب عورت کا محتاج نہ ہونا ہے۔ فلمی دنیا میں لڑکیاں کام کرتی ہیں، کیریر کو اپناتی ہیں، پیسہ کماتی ہیں، ان کے لئے گزر بسر کا ذریعہ شادی نہیں ہوتی، اس لئے وہ ناانصافیوں کو چپ چاپ نہیں سہہ سکتیں، وہ آزاد ہیں، اپنے پیروں پر کھڑی ہیں، کسی سہارے کے بغیر جی سکتی ہیں، پھر وہ ستم اور دھاندلی کیوں برداشت کریں؟
میری اپنی مثال دلیل کے طور پر موجود ہے، میری طرح کام کرنے والی لڑکیاں جو لگ بھگ اپنے شوہر کے برابر ہی کماتی ہوں لازماً جانیں گی کہ شادی شدہ زندگی میں انہیں برابری کا درجہ حاصل ہو، اور اگر ذہنوں اور مزاجوں کا اختلاف اتنا زیادہ ہو کہ شادی شدہ زندگی اجیرن بن جائے تو وہ ایسے رشتے کو توڑنا ہی بہتر سمجھتی ہیں۔

سوال: شادی کے بعد تم کئی برس تک فلموں سے الگ رہین، اس وقت کے رائیگاں جانے پر تمہیں پچھتاوا نہیں ہوتا؟

جواب: میں نے اگر وقت کھویا ہے تو صرف لڑکپن کا وقت کھویا ہے۔ اسی لئے اگر آج مجھ سے کوئی بے وقوفی ہو جاتی ہے تو میں اپنے آپ سے یہی کہتی ہوں کہ اس طرح میں کھوئے ہوئے وقت کی تلافی کر رہی ہوں اور عمر کی راہ پر بڑھ رہی ہوں۔۔۔ پیچھے کی طرف۔

سوال: کم سن جوانی کی رت کو خیر باد کہنے کا کیا تمہارے کیریر پر بھی اثر پڑا ہے؟

جواب: جی نہیں، جو عورتیں کم سن جوانی کی رت کو پیچھے چھوڑ چکی ہیں، اپنی صلاحیتوں سے بہتر طور پر آگاہ ہوتی ہیں، اور ان صلاحیتوں سے کام لینا بھی جانتی ہیں، اسی طرح انہیں اپنی خامیوں کا بھی علم

ہوتا ہے اور وہ انہیں دور کرنے کا گُر بھی سیکھ لیتی ہیں۔ وہ دن گئے جب تیس سال سے آگے کی عورتوں کو بجھا ہوا شعلہ سمجھا جاتا تھا، آج کی نسبتاً زیادہ عمر کی عورتیں زیادہ آزاد بھی ہیں، اب تیس برس کی عورتوں کو جن کے ساتھ چند برس کے ہوش مندانہ تجربوں کی دولت ہے، وہی اونچا مقام ملا ہوا ہے جس کی وہ حق دار ہیں۔

سوال: کیا تم اپنے رولز چھان پھٹک کر لیتی ہو؟

جواب: یہ میرا کمرشل دور ہے، اس لئے ابھی میں دونوں ہاتھوں سے کمرشل فلمیں سمیٹنا چاہتی ہوں۔ اس کی وجہ ظاہر ہے چند برس پہلے میرا کہیں نام نہ تھا۔ میں ایک بھولی بسری اداکارہ تھی، جس کے پاس صرف ایک فلم "بوبی" کا تجربہ تھا، مگر میں نے ہمت نہیں ہاری۔ شادی کی ناکامی سے سمجھوتہ کیا، اپنا اور اپنی دونوں بچیوں کا سہارا خود بننے کی ٹھانی اور آج فلموں میں میری بہت مانگ ہے، کیا یہ کامیابی قابل ذکر نہیں؟

سوال: تم نے اتنی ڈھیر ساری فلمیں کر رکھی ہیں، آخر تم انہیں سنبھالتی کیسے ہو؟

جواب: بڑی آسانی سے اور بہت اچھی طرح۔ کام کرنے سے میرا جوش، میرا ولولہ اور بھی بڑھتا ہے ، اس وقت میں شاید سب سے زیادہ خوش قسمت ہستی ہوں ، جب میں اپنی ہی سنگت میں ہوں ، پرائیویسی مجھے بہت عزیز ہے ، اداکارہ کے طور پر مجھے ان غیر معمولی لوگوں سے ملنے اور انہیں برتنے میں بہت لطف آتا ہے جو انڈسٹری کا حصہ ہیں۔

☆☆☆

ماخوذ: 'شمع'، شمارہ: نومبر ۱۹۸۷ء

رشی کپور (پیدائش: ۴؍ستمبر ۱۹۵۲ء، بمبئی - وفات: ۳۰؍اپریل ۲۰۲۰ء)

بالی ووڈ کے معروف و مقبول اداکار اور فلمساز، ہدایتکار و اداکار راج کپور کے منجھلے فرزند تھے۔ کافی عرصے تک نیک دل، نیک خو رول کے لیے فلم میکرز رشی کپور کو اولیت کا درجہ دیتے رہے۔ ان کی یہ ترجیح بے سبب نہیں ہوتی تھی۔ رشی واقعی ایسے رول کو ایک خاص قسم کا وقار عطا کر دیتا ہے۔ اور اس میں آسمانی فیصلے کی جھلک کے ساتھ انسانی خامیوں کا رنگ بھی بھر دیتا ہے۔ اس طرح رشی کی بدولت وہ رول زیادہ فطری، زیادہ جاندار معلوم ہونے لگتا ہے۔

فلم "ساگر" میں رشی کپور کے ساتھی اداکار کمل ہاسن نے ایک بار کہا تھا: "اس شخص (رشی کپور) کو ہر قدم پھونک کر رکھنا چاہیے۔ اگر اس نے احتیاط نہ برتی تو اداکاروں کی پوری برادری کو 'نیک نام' کر جائے گا۔"

تاہم اس میں شک نہیں کہ اسکینڈل کا غبار رشی کو کبھی نہیں گھیرتا۔ اس کے یہاں نہ طلاق کا گزر ہے، نہ نشے میں دھینگا مشتی کا۔ وہ ایک ہی بیوی (نیتو سنگھ) پر قناعت کیے رہا اور اپنے حال میں مگن رہا۔ اپنی مقبول اور یادگار فلم "نگینہ" (ریلیز: نومبر-۱۹۸۶) کے ہٹ ہونے پر دئے گئے اس انٹرویو میں رشی کپور نے اپنے خیالات و نظریات سے واقف کرایا تھا۔

انٹرویو : ۱۱

رشی کپور: میری بیوی میری زندگی کا محور ہے

سوال: کیا تمہیں کوئی لت بھی لگی ہوئی ہے؟

جواب: جی ہاں۔ ہے تو سہی۔ مجھے مونگ پھلی کے مکھن کی ایسی لت پڑی ہے کہ چھوٹتی ہی نہیں۔ اس نعمت کو دیکھتے ہی مجھے خود پر قابو نہیں رہتا۔ تاہم میرا خیال ہے کہ جس شخص کو یہ مکھن پسند ہو وہ بہت برا کبھی نہیں بن سکتا۔

سوال: جو ستارے نجی زندگی میں اتھل پتھل اور ہنگاموں سے دور رہتے ہیں، کیا تمہارے خیال میں تماشائی ان کو زیادہ پسند کرتے ہیں؟

جواب: جی نہیں، معاملہ اس کے برعکس ہے۔ تماشائیوں کو تو ایسے ستاروں سے زیادہ لگاؤ ہوتا ہے جو انہیں غمزدہ نظر آئیں۔ جو پیار میں مایوسی سے دوچار ہوں، جو ہمیشہ کسی نہ کسی تباہی کی نگر پر کھڑے دکھائی دیں۔ جہاں تک میرا تعلق ہے، میں ایسے ستاروں میں سے نہیں ہوں اور نہ ایسا بننا چاہتا ہوں۔ پرستاروں کی بھیڑ بڑھانے کی خاطر مجھے اپنا گھر برباد کرنے کا کوئی شوق نہیں۔ نیتو سے میری شادی چٹان کی طرح مستحکم ہے اور اس مضبوط بنیاد پر اداکار کے طور پر میرا مقام بھی بنا ہے۔ اگر نیتو نہ ہو تو مجھے بالکل ایسا لگے گا جیسے زمین میرے قدموں تلے سے کھسک گئی ہو۔

سوال: ویسے نیتو کی کون سی ادا تمہیں سے زیادہ پسند ہے؟

جواب: ہر ادا۔ سب سے بڑی خصوصیت اس میں یہ ہے کہ وہ الٹرا ماڈرن نہیں ہے۔ مجھے ایسی عورتیں زیادہ اچھی لگتی ہیں جو عورت کی حیثیت سے اپنے آپ میں خوش اور مطمئن ہوں۔ اور نیتو

ان انتہائی مطمئن عورتوں میں سے ایک ہے جن کو میں جانتا ہوں۔

سوال: یہ تو کچھ زیادہ ہی تعریف ہو گئی؟

جواب: زیادہ؟ یہ تو کم تعریف ہوئی۔ ایک ایسے پروفیشن میں جہاں شادی کے رشتے آئے دن ٹوٹتے بکھرتے رہتے ہیں، ہماری شادی کا اتنے لمبے عرصے تک قائم رہنا بلاشبہ دنیا کے سات عجوبوں میں سے ایک ہے۔ پھر مجھے اپنی قسمت پر ناز کیوں نہ ہو؟

سوال: تو کیا تمہاری شادہ شدہ زندگی میں کھنچاؤ اور ناخوشگواری کے لمحے کبھی نہیں آئے؟

جواب: میں نے یہ کب کہا ہے؟ اگر میں یہ دعویٰ کرنے لگوں کہ ہمارے درمیان ہر پل ہم آہنگی رہتی ہے اور سکھ کی برکھا ہر آن ہم پر ہوتی ہے تو یہ دعویٰ حقیقت سے قریب نہ ہو گا۔ سچ تو یہ ہے کہ ایسا کھٹ پٹ سے بالکل پاک تال میل کسی کے لیے بھی ممکن نہیں ہے۔ لیکن بات بڑھائی نہ جائے تو زیادہ کبھی نہیں بگڑتی۔ مثلاً تکرار کے وقت اس طرح کبھی نہیں سوچنا چاہیے کہ اف بھگوان! اب میں مزید برداشت نہیں کر سکتا۔ اگر اس طرح کی سوجھ بوجھ موجود ہو تو چھوٹے موٹے گھریلو جھگڑے چاہت کے رشتے کو اور بھی مضبوط کر جاتے ہیں۔

سوال: اچھا تو اختلاف اور تکرار کی نوبت تمہارے یہاں بھی آتی رہتی ہے؟

جواب: جی ہاں۔ لیکن اصل اہمیت جھگڑوں کی نہیں، سوجھ بوجھ کی ہے۔ آدمی میں اتنی عقل ضرور ہونی چاہیے کہ جذباتی ٹکراؤ کو وقار کا مسئلہ نہ بنائے۔ جذباتی اتار چڑھاؤ کو زندگی کا معمول سمجھ کر قبول کرے۔ یہ سوچے کہ دوسرا فریق جان بوجھ کر جھگڑا نہیں کر رہا ہے، بلکہ وہ اپنے خیال میں برحق ہے۔ پھر اسے خود کو دوسرے فریق کی جگہ تصور کر کے اس کے رویے کے لیے اسی طرح جواز ڈھونڈنا چاہیے جیسے وہ اپنے رویہ کے لیے جواز ڈھونڈا کرتا ہے۔ یہ عمل محنت طلب بھی ہے اور صبر آزما بھی، لیکن اس کا نتیجہ ہمیشہ اچھا نکلتا ہے۔ شادی یوں بھی ایک دوسرے کا خیال رکھنے، ایک دوسرے کو وقت اور توجہ دینے کی مانگ کرتی ہے۔ خاص طور سے ایسی صورت میں جب شادی زیادہ

عمر میں نہ کی گئی ہو، جیسے میری اور نیتو کی شادی (جنوری-۱۹۸۰) ہوئی تھی۔ ایسی حالت میں یہی تصور کرنا چاہیے کہ ایک لمبے ہنی مون کا دور شروع ہو رہا ہے۔

سوال: تم ایک اچھے اداکار کے طور پر کیسے ابھرے؟

جواب: فن کی راہ پر میں نے ایک لمبا سفر طے کیا ہے۔ شروع کے دنوں میں (مثلاً: "میرا نام جوکر" میں) مجھے بھی ایسے فرسٹریشن سے دوچار ہونا پڑتا تھا جس کا سامنا ہر نوجوان اداکار کو کرنا پڑتا ہے۔ لیکن شادی کے بعد نیتو نے مجھے بہت سنبھالا، بہت حوصلہ بخشا۔ میرا خیال ہے، اس طرح ہمت بندھانا ہر بیوی اور ہر شوہر کے بنیادی فرائض میں سے ایک ہے۔ آدمی چاہے کار کے کل پرزے جوڑ کر کار بناتا ہو یا سمفنی [symphony] (راگ) پیش کرتا ہو، جیون ساتھی کو اس کی مدد کے لیے ہر دم آمادہ رہنا چاہیے۔ جب نیتو نے مجھ سے شادی کرنے کے بعد ایکٹنگ کیریئر چھوڑ دیا تو میرے کام میں مدد کرنے کو اس نے اپنا ایک فرض سمجھ لیا۔ یہ اس کی سوجھ بوجھ کی دلیل ہے۔ میں نے بھی بدلے میں اسے بساط بھر آرام کی زندگی دی۔ میرے خیال میں اس بات کی وہ تردید نہیں کرے گی۔

سوال: یعنی تم نیتو کو اپنی زندگی کا محور مانتے ہو۔ ہے نا یہی بات؟

جواب: آپ نے درست کہا۔ نیتو سچ مچ میری زندگی کا محور ہے۔ ہر قدم پر اس نے میرا ساتھ دیا ہے۔ ہر مشکل وقت میں وہ میرے لیے حوصلے کا سرچشمہ بنی ہے۔ اب تو میں سوچ بھی نہیں سکتا کہ اگر میں کنوارا رہتا تو میری زندگی یا میرا کیریئر کس رخ پر جاتا؟ لیکن یہ طے ہے کہ اس زندگی میں سنسان اکیلے پن، بے اطمینانی اور فکروں کا ہی دور دورہ ہوتا۔

سوال: فلم "نگینہ" کی بے پناہ کامیابی کے بعد اب تو تم اپنے کیریئر سے خوش اور مطمئن ہو گے؟

جواب: میں صرف وہ کام کرتے وقت خوش اور مطمئن ہوتا ہوں جو مجھے پسند ہے۔ اداکاری مجھے جان سے زیادہ پیاری ہے، اس لیے جب میں کام کرتا ہوتا ہوں تو لازماً خود کو خوش قسمت سمجھتا ہوں۔ اگر مجھے دو رولز میں سے ایک کو چننے کا موقع دیا جائے تو میری خوشی اور بھی بڑھ جاتی ہے۔

لیکن اس سلسلے میں زیادہ فکر مند بھی نہیں رہتا۔ یہ اور بات ہے کہ فلموں کے دھندے میں کسی بھی شخص کو مکمل چین اور سکون میسر نہیں آسکتا۔ بے یقینی سب کو گھیرے رہتی ہے۔ محفوظ یہاں کوئی بھی نہیں۔ سب جانتے ہیں کہ ہم اتنے ہی اچھے (یا برے) ہیں جتنی ہماری آخری فلم۔ آج کل میں بہت کم فلمیں سائن کر رہا ہوں۔ مگر مجھے اس کی بھی کوئی خاص پروا نہیں۔ تاہم اگر بہت سی فلمیں ہوں تو مجھے خوشی ضرور ہوگی۔ بنیادی طور پر میں خود کو ایک اداکار ہی سمجھتا ہوں۔ اس لیے میں نے یہ سبق بھی سیکھ رکھا ہے کہ یہاں مجھے بہت زیادہ توقع کبھی نہیں کرنا ہے۔ مجھے بار بار کھوج کر نکالا جاتا ہے اور بار بار نظر انداز کر دیا جاتا ہے۔ پھر بھی مجموعی اعتبار سے اب تک میں خوش قسمت ہی رہا ہوں۔ مجھے طرح طرح کے، ایک دوسرے کے بالکل برعکس رولز ملتے رہتے ہیں۔ ایک اداکار کی قدر اس سے بڑھ کر اور کس طرح ہو سکتی ہے؟

سوال: کیا تمہارے خیال میں اداکاری کے میدان میں بہت زیادہ اور بہت کڑا مقابلہ نہیں ہے؟

جواب: ہوگا۔ میں بہرحال اس دوڑ میں شریک نہیں ہوں۔ ایک اعتبار سے میں زندگی کے سفر میں اکیلا راہی ہوں۔ میں خود کو کسی کے بھی خلاف مقابلے پر کھڑا نہیں کرتا۔ ایکٹنگ کے معاملے میں بھی میرا یہی رویہ ہے۔

سوال: کوئی رول قبول کرنے کے بعد تم اسے ادا کرنے کے لیے کیا کیا جتن کرتے ہو؟

جواب: کوئی خاص نہیں۔ میں رول کو مانگے کے لباس کی طرح پہننے کے خلاف ہوں۔ کسی بھی کردار کو مصنوعی ناک کی طرح چپکا لینا مجھے گوارا نہیں۔ ارادہ کر کے رول طاری کرنا مجھے نہیں آتا۔ میں خود وہ رول بن جاتا ہوں، اپنے آپ کو پوری طرح اس رول میں سمو دیتا ہوں۔ موقع ڈھونڈنے کی جگہ میں اپنا سب کچھ پہلے ہی رول کو سونپ دیتا ہوں۔ کبھی کبھی میں رول کو بڑھانے کو ترجیح دیتا ہوں، تاکہ میرے اندر جو کچھ ہے، رول میں سما جائے اور رول کے ذریعے میری پوری ذات کا اظہار کر سکے۔

سوال: کیا اپنے ڈیڈی کی طرح تمھیں بھی ڈائرکٹر بننے کا ارمان ہے؟

جواب: نہیں۔ مجھے ایسا کوئی ارمان نہیں۔ اس کام میں محنت بہت زیادہ ہے۔ لوکیشن کی تلاش میں مارے مارے پھرنا، لوگوں کو جمع کرنا، ان سے بات چیت کرنا، معاملات طے کرنا، یہ سوچنا کہ کون سے آرٹسٹ فلم کے لیے موزوں رہیں گے؟ یہ سب بکھیڑے کون لے؟ اس لیے میں اداکاری کو ہی اپنے لیے بہتر سمجھتا ہوں۔ ڈائرکٹر بن کر میں اس لطف سے بھی محروم ہو جاؤں گا جو کام کرتے وقت مجھے آج میسر آتا ہے۔ میں اپنی زندگی میں اس لطف کو باقی رکھنا چاہتا ہوں جو اداکار کے طور پر مجھے حاصل ہوتا ہے۔

سوال: دوسرے ستاروں کے برعکس تم عام طور پر زیادہ مار دھاڑ کے رول کیوں نہیں کرتے؟

جواب: مار دھاڑ کے رول میں خود کو اکھڑا اکھڑا سا محسوس کرتا ہوں۔ یہ میدان میرے لیے نہیں ہے۔ شاید مزاج کا یہ رنگ بیتے دنوں کی دین ہے۔ ویسے میں پردے پر برہمی کے اظہار کے خلاف نہیں۔ غصہ ایک صحت مند جذبہ ہے۔ یہ تخلیقی امنگ اور اپج کو دبائے جانے کا ردعمل ہے۔ یہ احتجاج ہے، جواب طلب کرنے کا انداز ہے، حالات کو بدلنے کی تڑپ ہے۔

سوال: تم نے ایسی بہت سی غیر اہم فلموں میں کام کیا ہے جو ذرا بھی نہیں چلیں، آخر کیوں؟

جواب: مجبوری میں۔ ہم لوگ کمرشیل فلموں کی دنیا میں ہیں اور اس دنیا کی ریت سے بچ نہیں سکتے۔ اگر ہمیں روپیہ حاصل کرنا ہے تو اس دنیا کے قاعدوں، قوانین کے آگے سر جھکانا ہی پڑے گا۔ ایک بار فلم قبول کرنے کے بعد وہ جیسی بھی بنے، ہمیں اسے قبول کرنا ہو گا۔ فلم کی کسی خرابی کے لیے ہم اپنے سوا کسی کو بھی خطاوار نہیں ٹھہرا سکتے۔

سوال: اس کا مطلب یہ ہوا کہ اپنی فلموں کی کامیابی یا ناکامی کو تم زیادہ خوش یا زیادہ اداس ہوئے بغیر قبول کر لیتے ہو گے؟

جواب: جی ہاں۔ اب میں نے ہر اس دباؤ، مایوسی، کامیابی یا ناکامی کے مرحلے سے مردانہ وار گزرنے

کا گر سیکھ لیا ہے، جو ایک فلم اسٹار کے دشوار گزار جنگل کا لازمی حصہ ہے۔

سوال: تم رول چنتے وقت کون کون سی باتوں پر دھیان دیتے ہو؟

جواب: سب سے پہلے تو پروڈیوسر اور ڈائرکٹر میری پسند کا ہونا چاہیے۔ اسکرپٹ کی بھی کافی اہمیت ہے۔ لیکن آپ تو جانتے ہی ہوں گے، فلم میکنگ میں بچارے رائٹر کو ہی سب سے زیادہ اور آسانی سے پیچھے دھکیلا جاسکتا ہے۔ اگر پروڈیوسر اور ڈائرکٹر کسی سین کے بارے میں کہیں کہ بات جمی نہیں تو رائٹر کو سین بدلنا ہی پڑتا ہے۔ اگر وہ سین بدلنے کو تیار نہ ہو تو اس کی جگہ سین کو دوبارہ لکھنے کے لیے کسی اور کی خدمات حاصل کر لی جاتی ہیں۔

سوال: ہماری فلموں کا معیار روز بروز گرتا کیوں جا رہا ہے؟

جواب: مجھے آپ کی بات سے اختلاف ہے۔ فلمیں عوام کے لیے بنائی جاتی ہیں۔ میں بناوٹ کے سخت خلاف ہوں۔ مجھے ایسے لوگ ایک آنکھ نہیں بھاتے جو خواہ مخواہ اپنے کام کو فنکارانہ کوشش کا درجہ دیں، جبکہ حقیقت میں ان کی نظر صرف باکس آفس سے حاصل ہونے والی دولت پر ہوتی ہے۔ میرا نظریہ یہ ہے کہ اگر کسی کی نظر باکس آفس پر ہے تو اس مہم کو سر کرنے کی دھن میں رہے اور اس کی کاوش ایسی ہو کہ اس سے عوام کو تفریح میسر آئے۔ ہمارے یہاں طرح طرح کے لوگ ہیں، مگر سب کا دعویٰ یہی ہوتا ہے کہ وہ کوئی عظیم ترین فلم بنا رہے ہیں۔ لیکن اصلیت یہ نہیں ہوتی۔ تاہم ہم لوگ عوام کو تفریح تو فراہم کر ہی سکتے ہیں اور میرا خیال ہے کہ آج عوام کو ہم اس سے بہتر تفریح مہیا کر سکتے ہیں جیسی پہلے کی جاتی رہی ہے۔

سوال: ایک اداکار کی زندگی میں کیا تم قسمت کے رول کے بھی قائل ہو؟

جواب: میں سمجھتا ہوں کہ پہلے سے طے شدہ مواقع سب ہی لوگوں کو ملتے ہیں۔ کامیابی ان کے حصے میں آتی ہے جو ان مواقع سے زیادہ سے زیادہ فائدہ اٹھانے کی تاک میں رہیں اور اتنے باہمت (یا اتنے خود غرض) ہوں کہ اس منزل کو سر کرنے کے لیے باقی ہر شے (اور ہر شخص) کو بھول جائیں، تج

دیں، قربان کر دیں۔

سوال: کچھ اداکار دعویٰ کرتے ہیں کہ کوئی رول کرنے سے پہلے وہ حقیقی زندگی میں اس رول سے ملتے جلتے لوگوں کو تلاش کرتے ہیں، تاکہ ان کے طور طریقوں کا جائزہ لے سکیں۔ مثلاً شبانہ اعظمی فلم "منڈی" میں اپنا رول کرنے سے پہلے جسم بیچنے والی عورتوں کے علاقے میں گئی تھیں۔ کیا تمہارا بھی یہی معمول رہا ہے؟

جواب: جی نہیں۔ میں سرے سے کسی بھی کیرکٹر سے ملنے کا قائل نہیں۔ اس کی وجہ خود وہ ڈراما ہے جو رائٹر نے لکھ رکھا ہے۔ اسکرپٹ بہر حال اسکرپٹ ہے، خواہ اس کی بنیاد حقیقت ہو یا خیال۔ رول سے ملتا جلتا شخص اگر جیتے جاگتے روپ میں کہیں ملے گا بھی تو بہت مشکل سے ملے گا۔ یوں بھی ایسی کوشش سے رول کرنے میں مدد کم ملے گی، رکاوٹیں زیادہ سامنے آئیں گی۔ ہمیں تو رول کی روح کو پیش کرنا ہوتا ہے، اس کے جسم کو نہیں۔ مان لیجیے اصل زندگی میں رول سے ملتا جلتا شخص لمبے قد کا، لحیم شحیم، بڑی بڑی آنکھوں والا نکلتا ہے، جبکہ میرا قد چھوٹا ہے، جسم اوسط اور آنکھیں سکڑی ہوئی۔ تو ایسی صورت میں کیا اس کا جائزہ لینا رول کو ادا کرنے میں مشکلیں کھڑی نہیں کرے گا؟

سوال: اسٹار کے طور پر ہر جگہ پہچانے جانے اور شہرت پانے پر تمہارا دل مگن تو ہوتا ہوگا؟

جواب: کچھ زیادہ نہیں۔ اسٹار کا رتبہ اداکار خود حاصل نہیں کرتا۔ یہ رتبہ تو لوگ اس پر لادتے ہیں۔ اسی لیے میں اس پر ناز کرنے سے کتراتا ہوں۔ اور شاید کچھ زیادہ ہی کتراتا ہوں۔ لیکن کیا کیا جائے، حقیقت پسندی کا تقاضا یہی ہے۔ فلم کے میڈیم کی طرف اگر میں آیا ہوں تو اس لیے کہ لینس کے سامنے کام کرنے کا میلان اپنے اندر پاتا ہوں۔ لیکن میرے اندر واقعی یہ میلان ہے یا نہیں، اس کا فیصلہ کرنے کا حق مجھے نہیں پہنچتا۔ ممکن ہے بعض لوگ یہ کہیں کہ کیمرے کے سامنے کام کرنا مجھے بالکل نہیں آتا۔ لیکن اس کے ساتھ کچھ لوگوں کا خیال یہ بھی ہے کہ اگر میں کوئی کام بہتر طور پر کر سکتا ہوں تو فلموں میں ہی کر سکتا ہوں۔ اور شاید ان ہی لوگوں کا خیال درست بھی ہے۔ مجھے بہر طور

اپنے کام سے کام ہے۔ میں اس فکر میں کیوں جان کھپاؤں کہ مجھے اسٹار کا رتبہ حاصل ہے یا نہیں؟ اور اگر حاصل ہے تو کتنے بڑے اسٹار کا رتبہ حاصل ہے؟

سوال: کیا تم خود کو بہت باصلاحیت اداکار سمجھتے ہو؟

جواب: لن ترانی ہانکنا مجھے نہیں آتا۔ میں تو بس اتنا جانتا ہوں کہ ہر فلم ایک نئی مہم کی طرح ہوتی ہے اور صلاحیت گویا سونے کا ٹکڑا ہے۔ آپ اس سونے کے ٹکڑے سے ایک ٹائی پن کو پگھلانے پر مجبور ہوتے ہیں تاکہ اگلی بار کچھ اور بنانے کے لیے سونے کا ٹکڑا آپ کو پھر حاصل ہو جائے۔ لیکن یہ صرف ایک عام کلیہ ہے۔ ایسا نہیں ہے کہ سب اسی کلیہ کے پابند رہیں۔ ہالی ووڈ تک میں ایسے لوگ ملیں گے جو اداکاری اس لیے کرنا چاہتے ہیں، اسی طرح ایسے اسٹار بھی ہوتے ہیں جنہیں اداکاری کرنے کا ارمان ہوتا ہے، لیکن برٹ رینالڈس [Burt Reynolds] کی مثال لیں تو ایک اور رخ سامنے آتا ہے۔ وہ ہمیشہ اسکرین پر کام کرتے رہنے کا آرزومند رہتا تھا۔ میرا حال بھی کچھ ایسا ہی ہے۔

☆ ☆ ☆

ماخوذ: 'شمع'، شمارہ: ستمبر ۱۹۸۷ء

سنی دیول (اصل نام: اجے سنگھ دیول، پیدائش: ۱۹/ اکتوبر ۱۹۵۶)

معروف بالی ووڈ اداکار دھرمیندر کے بڑے فرزند ہیں جنہوں نے اپنا فلمی کیریئر فلم "بے تاب" (ریلیز: اگست ۱۹۸۳) سے شروع کیا تھا۔ اپنی پہلی ہی فلم سے بالی ووڈ کی دنیا میں نمایاں مقام بنانے والے اداکار نے بعد کے برسوں میں لا تعداد ہٹ فلموں جیسے ارجن، گھائل، سلطنت، ڈکیت، تری دیو، چالباز، لٹیرے، دامنی، ڈر، گھاتک، بارڈر، غدر ایک پریم کتھا، یملا پگلا دیوانہ کے ذریعے اپنی منفرد شناخت قائم کی ہے۔ بالی ووڈ فلموں میں انہیں ایک غصہ ور اداکار کے طور پر جانا جاتا ہے جو بد عنوانی، ظلم اور غنڈہ گردی کے خلاف لڑتا ہے، ونیز ایک وطن پرست اداکار کے طور پر بھی وہ مشہور ہیں۔

تقریباً تین دہائی قبل کے 'شمع' کے اپنے ایک انٹرویو میں انہوں نے مختلف موضوعات پر اپنے نقطہ نظر سے واقف کرایا تھا۔

انٹرویو : ۱۲
سنی دیول: اداکار کو کامیابی کے لیے اپنے بہترین جوہر دکھانا ہوگا

سوال: اداکار بننے کا خیال تمہیں کیسے سوجھا؟

جواب: سب سے پہلے تو میں یہ بات صاف کر دینا چاہتا ہوں کہ ایک اسٹار کا بیٹا ہونے پر بھی مجھے اداکار بننے میں پہلے زیادہ دلچسپی نہ تھی۔ اسکول اور کالج کے دنوں میں ایکٹنگ کو میں نے صرف ایک مشغلے کے طور پر اپنایا تھا۔ لندن میں بھی اداکاری کا شوق شروع میں صرف شوق کی حد تک رہا، لیکن پھر وہاں رہتے رہتے پہلی بار یہ خیال میرے ذہن میں سر سرایا کہ کیوں نہ اس مشغلے کو پروفیشن بنایا جائے۔ وہاں کے ہندوستانی حلقوں میں مقبول ہونے کا ارمان مجھے اداکاری کو پیشے کے طور پر اپنانے کے لئے اکسانے لگا۔ چنانچہ میں نے ہاتھ پاؤں مارنے شروع کر دئے۔ یہ میری خوش قسمتی تھی کہ بہت کم وقت میں مجھے اداکار کے طور پر قبول کر لیا گیا۔ جب کہ عام طور پر یہ منزل بہت مدت میں ملتی ہے۔

سوال: تمہارے خیال میں تمہاری کامیابی کی سب سے بڑی وجہ کیا ہے؟

جواب: پکا ارادہ اور اس کے ساتھ صحت کی دیکھ بھال، کھیل، ورزش وغیرہ ان سے ذہن کو یکسو کرنے اور خود سے باخبر ہونے میں مدد ملتی ہے، احساس اور مشاہدے میں تیزی اور گہرائی آتی ہے۔ ایک اداکار کے لئے ان تمام باتوں کی بڑی اہمیت ہے۔۔۔

سوال: کیا تمہیں کسی بھی طرح کی دشواریوں کا سامنا نہیں کرنا پڑا؟

جواب: زندگی کے بارے میں میرا جو نقطہ نظر ہے اس سے مجھے ان تمام دشواریوں پر قابو پانے کا

حوصلہ ملا ہے، جو دوسرے اداکاروں کو پریشان اور ہراساں کر سکتی ہیں۔

سوال: شروع کی کامیابی کے بعد تمہارے کیریر کی راہ میں کچھ رکاوٹ سی آ گئی تھی، کیا اس کا سبب یہ تھا کہ تم پر ایک خاص امیج کا ٹھپا لگ گیا تھا؟

جواب: جی نہیں، یہ بات نہیں، اتار چڑھاؤ تو دنیا بھر میں آرٹسٹوں کے حصے میں آتے ہی رہتے ہیں۔ کبھی کبھی آدمی اور اس کی تقدیر میں ان بن ہو جاتی ہے۔ ایسی صورت میں بنتی بات بھی بگڑ جاتی ہے۔ جہاں تک امیج کا سوال ہے۔ میری رائے میں گمنام رہ جانے سے یہ کہیں بہتر ہے کہ آدمی کی کوئی امیج ہو اور وہ اس امیج سے جڑے ہوئے مسئلوں کو حل کرنے کی کوشش کرے۔ ویسے میری ایک خاص امیج رہی ضرور ہو گی لیکن اس کا یہ مطلب یہ نہیں کہ کل کو میں کسی بنجارے، کسی ہپی، کسی ٹرک ڈرائیور کے رول میں نہیں آؤں گا۔

سوال: کامیابی یا ناکامی کا تم پر کیا اثر ہوتا ہے؟

جواب: میں ہر حال میں اپنی قدر کرتا ہوں، ہر صورت میں خود کو پسند کرتا ہوں۔ دوستوں سے بھی میں یہی کہتا ہوں کہ آدمی کے لئے بہترین راہ یہی ہے کہ کسی بھی سطح پر اپنے آپ کو پہچانے۔ ذہنی جھٹکوں کا مجھ پر کوئی اثر نہیں ہوتا، اس لئے کہ میں جسمانی نظام کو طاقتور رکھنے کی پوری کوشش کرتا ہوں۔ اس کے علاوہ مجھے کسی طرح کا ڈر یا اندیشہ بھی نہیں ستاتا۔

سوال: کیا اپنی پہلی فلم "بے تاب" کی کامیابی پر بھی تم خوشی سے بے قابو نہیں ہوئے تھے؟

جواب: خوشی سے بے قابو نہیں، صرف خوش ہوا تھا۔ پہلے سے مجھے آس ہی نہیں تھی کہ اس فلم کو اتنے بڑے پیمانے پر سراہا جائے گا۔ اگرچہ یہ میں پہلے سے ہی جانتا تھا کہ فلم بہت اچھی بنی ہے۔

سوال: کیا اب تم نئی فلمیں چھان پھٹک کر قبول کرتے ہو؟

جواب: ہم آرٹسٹوں کو سب سے پہلے اس حقیقت سے سمجھوتا کرنا پڑتا ہے کہ ہم کمرشیل فلم میکنگ

کی دنیا میں ہیں اور ہمیں اس دنیا کے قاعدے ضابطے ماننے ہوں گے۔ صرف دولت کمانے کے لئے نہیں، کامیابی پانے کے لئے بھی۔ فلم ہم کسی بھی وجہ سے قبول کریں، ہمیں اس میں اپنے بہترین جوہر دکھانے ہیں۔ فلم جیسی بھی بنے، ہمیں اس پر اعتراض نہیں کرنا چاہئے۔ اپنے سوا کسی کی بھی طرف ملامت کی انگلی نہیں اٹھانا ہے۔

سوال: بظاہر تمہیں زندگی کی بہترین نعمتیں ملی ہوئی ہیں۔ ان نعمتوں کی حد تک تمہارا رویہ کیسا ہے؟

جواب: میں ان کی قدر کرتا ہوں۔ اس کے ساتھ میں یہ بھی جانتا ہوں کہ زندگی کی بہترین نعمتیں حاصل کرنے کے لیے آدمی کو اپنے بہترین جوہر سے کام لینا پڑتا ہے۔ انسانی جسم کی طرح انسانی روح کو بھی ورزش، نشو و نما اور تکمیل درکار ہوتی ہے۔ اسی صورت میں کوئی اداکار اول درجے کے فن کا مظاہرہ کر سکتا ہے۔

سوال: لیکن کیا ہمیشہ بہترین کام کے لیے کوشاں رہنا چوٹی پر پہنچنے کا یقینی راستہ ہے؟

جواب: جو لوگ کام، کھیل، محبت یا زندگی میں کمال حاصل کرنے کی کوشش کرتے رہتے ہیں، وہ اپنے ارد گرد ایک ایسی حوصلے بھری فضا پیدا کر دیتے ہیں جو ان کی ذات کو نہایت ولولہ خیز، پرکشش اور رنگا رنگ بنا دیتی ہے۔ خوب سے خوب تر کی آرزو میں رہنے کی واقعی بہت اہمیت ہے۔

سوال: لیکن خوب سے خوب تر کی آرزو میں سب لوگ تو نہیں رہتے۔ پھر تمہیں اس راہ پر کون سی بات لے آئی؟

جواب: دوسروں سے بڑھ کر کچھ کر دکھانے کی تمنا تو زیادہ تر دلوں میں ہوتی ہے۔ مسئلہ اس وقت پیدا ہوتا ہے جب کسی کا ماحول، پرورش کا انداز، خاندانی اثرات یا سماجی بندھن اس تمنا کا گلا گھونٹ دیں۔ حقیقت تو یہ ہے کہ بہتر کام کر دکھانا ایک ذہنی رویہ ہے۔ یہ اپنا انعام خود ہے۔ میری پرورش بہترین ماحول میں ہوئی، خاندان میں سب کی طرف سے بڑھاوا ملا۔ میرے ڈیڈی میرے لیے ہمیشہ ایک آدرش بنے رہے۔ ان سے مجھے بہت امنگ حاصل ہوئی۔ اس کے باوجود میں یہ نہیں چاہوں گا

کہ میری منزل، میری راہیں، میری بہتر سے بہتر کر دکھانے کی آرزو، میرے آگے بڑھنے کے ارادے کوئی اور طے کرے۔

سوال: کیا تمہیں کبھی یہ احساس نہیں ہوا کہ اداکاری کے میدان میں بہت سخت مقابلہ ہے؟

جواب: میری پہلی منزل یہ ہے کہ اپنی ذات کو کمال کے درجے تک پہنچاؤں۔ ایک اچھا آرٹسٹ اپنی دنیا آپ پیدا کرتا ہے۔ بہتر فن پیش کرنے کی امنگ اور رہنمائی اسے اپنے اندر سے ہی حاصل ہوتی ہے۔ فن کے معیار کے معاملے میں اسے پہلے خود کو ہی اطمینان دلانا پڑتا ہے۔ آدمی کسی بھی شعبے میں بہتر کارگزاری دکھانے کی دھن میں ہو، اسے پہلے اپنے ہی اندر جھانکنا پڑتا ہے۔ کوئی اپنے پیشے میں آگے بڑھنا چاہے یا کاروبار میں، روحانی بلندیوں پر پہنچنا چاہئے یا فن کی بلندیوں پر، اہم ترین بات یہی ہے کہ وہ آسمان کو اپنی منزل سمجھے اور ثابت قدمی کے ساتھ منزل کی طرف بڑھتا جائے۔ جہاں تک میرا تعلق ہے، مجھے نہ مقابلے کا ڈر ہے، نہ مقابلہ کرنے والوں کا۔

سوال: اچھے سے اچھا کام کر دکھانے کی تمنا تمہارے دل میں از خود پیدا ہوئی تھی یا اس سلسلے میں تمہارے ماں باپ نے رہنمائی کی تھی؟

جواب: کوئی شخص کسی ڈھنگ سے اعلیٰ کام کر دکھانا چاہتا ہے، یہ دوسروں کے لئے کوئی معنی نہیں رکھتا۔ اس راہ میں کامیابی ملی ہے یا ناکامی اس کا علم بھی دوسروں کو نہیں، صرف اسی کو ہو سکتا ہے۔

سوال: اچھا، مان لو تم انجام کار ناکام رہے تو؟

جواب: اصل اہمیت دھن، لگن اور کوشش کی ہے۔ پھر کوشش عادت بن جاتی ہے اور اس کی جھلک کام میں ہی نہیں باقی ساری زندگی میں بھی آجاتی ہے۔ جس کا نتیجہ اکثر اچھا ہی نکلتا ہے۔ جب میں چھوٹا تھا اور اسکول میں پڑھتا تھا تو میری کوشش رہتی تھی کہ فٹ بال کے کھیل میں دوسروں سے بازی لے جاؤں، اوسط فاصلے کی دوڑ میں بھی میرا یہی حال رہا۔ اور اس عمل میں اپنے بارے میں میں نے بہت کچھ سیکھا۔

کھیل میں مقابلے کے وقت آدمی کو اپنے اندر جھانک کر دیکھنا ہوتا ہے۔ جب وہ دوڑتا ہوتا ہے تو اس وقت اسے اسے پتہ چلے کہ اس میں تھکن کے باوجود آگے بڑھتے رہنے کی ہمت اور حوصلہ ہے، جوڑ جوڑ کے ٹوٹنے کے احساس کے باوجود رکنے کے لالچ میں نہیں آنا ہے، مات کھانے کے اندیشے کے باوجود رفتار کو مدھم نہیں کرنا ہے تو قسمت ضرور اس کا ساتھ دے گی۔ میں چاہتا تھا کہ جو کام کروں، ٹھیک طرح کروں، اپنے کام میں پوری طرح خود کو سمو دوں، ہر کام اپنی ہی تسکین کے لئے کروں، صرف دوسروں سے شاباشی یا واہ واہ حاصل کرنے کے لئے نہیں۔ جب آدمی ایسا کام کرتا ہے جو اس کے خیال میں اس کے لئے اچھا ہے تو اس پر یہ بھید کھلتا ہے کہ محض اتفاق سے اس نے کامیابی کا راز بھی دریافت کر لیا ہے۔

سوال: تو کیا تم اب مطمئن ہو؟

جواب: اعلیٰ کارگزاری اسی کا نام ہے کہ جب تک آدمی کو اطمینان نہ ہو جائے وہ اپنی کوشش جاری رکھے۔ مگر فن کے میدان میں یہ منزل شاید کبھی نہیں آتی۔ مجھے تو ابھی بہت دور جانا ہے۔ ابھی تو صرف شروعات ہوئی ہے، میں ہمیشہ آپ ہی اپنا پیچھا کرتا رہوں گا، خود ہی اپنے آپ سے آگے بڑھتا رہوں گا۔

سوال: جب تم انگلینڈ میں تھے تو سب سے زیادہ تم پر کس کا اثر پڑا؟

جواب: مجھے سب سے زیادہ مشہور پیانو نواز پیڈروسکی کی ایک بات نے متاثر کیا، کسی نے ان سے پوچھا کہ وہ کتنا ریاض کرتے ہیں؟ انہوں نے جواب دیا: اگر میں ایک دن ریاض نہیں کرتا تو مجھے اس کا احساس ہو جاتا ہے، اگر دو دن ریاض نہیں کرتا تو ناقدوں کو اس کا احساس ہو جاتا ہے۔ اگر تین دن ریاض نہیں کرتا تو سارے سننے والوں کو اس کا احساس ہو جاتا ہے۔ پیڈروسکی کی اس بات کو میں نے اسی وقت گرہ میں باندھ لیا تھا جب میں نے اداکاری کو اپنا کیریر بنانے کا فیصلہ کیا تھا۔

سوال: کیا کامیابی کبھی کبھی تم پر نشہ بن کر بھی چھاتی ہے؟

جواب: بہتر کام کرنے کا اپنا الگ مزہ ہے۔ اس کی وجہ سے دل بوجھل نہیں ہوتا، طبیعت پر اداسی طاری نہیں ہوتی۔ کام ٹھیک طرح ہو جائے تو یقیناً اطمینان حاصل ہوتا ہے۔ مثال کے طور پر جب سلطنت یا ڈکیت ناکام ہوئی تھی تو بھی اپنی کارگزاری کی حد تک مجھے پورا اطمینان تھا۔

سوال: حالات نے تمہارے لئے جو شکل اختیار کی ہے، کیا تم اس سے خوش ہو؟

جواب: نہیں۔ میرا دل چاہتا ہے کہ ہر روز کسی ایسے کام میں بازی لے جانے کے لئے دو ایک گھنٹے صرف کروں جسے کر دکھانے کی مجھے ہمیشہ سے آرزو رہی ہے۔ لیکن اس کے ساتھ مجھے اپنی حدیں بھی معلوم ہیں۔ پہلے اعلیٰ کارگزاری کی خواہش مجھے بہت بے چین رکھتی تھی، کیونکہ اس خواہش کو پورا کرنے کے لئے میں نے راستے نہیں اپنائے تھے۔ اب یہ کیفیت نہیں ہے۔ آج میں خوش ہوں، آج کمال کی طرف بڑھنے کی اپنی طلب کو بھی میں اصلیت سے بڑھ کر نہیں آنکتا۔ لیکن اس کے ساتھ کمال حاصل کرنا آج بھی میری منزل ہے۔ کمال کی دھن میں نہ رہنے سے دماغ اسی طرح ڈھیلا ڈھالا اور لجلجا ہو جاتا ہے جیسے رگ پٹھے ورزش نہ کرنے کی صورت میں ہو جاتے ہیں۔ پھر زندگی میں کوئی امنگ، کوئی ولولہ نہیں رہتا۔ نہ کسی مقصد کا احساس باقی رہتا ہے۔ نہ کوئی کارنامہ کر گزرنے کی خوشی۔

سوال: لیکن کمال کی طرف بڑھنے کی آرزو کے لئے امنگ تو تمہیں اپنے ڈیڈی سے ہی ملی ہوگی؟

جواب: میں پہلے ہی کہہ چکا ہوں کہ ڈیڈی میرا آدرش ہیں۔ لیکن اعلیٰ کارگزاری کے بارے میں ہر شخص کا اپنا الگ تصور ہوتا ہے۔ یہ تصور آدمی کی اپنی ذات سے ابھرتا ہے۔ اس کے ساتھ آگے بڑھنے کی سماجی روایت، بھرپور کوشش اور کامیابی بھی اس تصور کے پنپنے میں مدد دیتی ہے۔ اسی طرح کام کرنے کا ضابطہ آدمی اپنے لئے خود بناتا ہے اور اپنی مرضی سے اس کی پیروی کرتا ہے۔ کوئی افسر، کوئی آقا، کوئی استاد، کوئی ادارہ، کوئی سرپرست یا اس کا اپنا باپ بھی اسے اس پر مسلط نہیں کرتا۔ میرے خیال میں یہی راہ سب سے اچھی ہے۔

سوال: تمہارا بنگلہ تو چھوٹے موٹے جمنازیم (ورزش گاہ) جیسا نظر آتا ہے۔ کیا تمہیں صحت مند رہنے کا شوق جنون کی حد تک ہے؟

جواب: یہی سمجھ لیجیے۔ میں روزانہ کافی ورزش کرتا ہوں۔ ہر شام کو اسکواش کھیلتا ہوں۔ بیڈ منٹن بھی پابندی سے کھیلتا ہوں۔ اس کے علاوہ دوڑ بھی لگاتا ہوں۔ اپنے جسم کو ٹھوس اور لچکیلا، متناسب اور سڈول بنائے رکھنے کے لیے میں سارے جتن کرتا ہوں۔

سوال: اپنا پہلا شاٹ دیتے وقت تم کچھ نروس تو ضرور ہوئے ہوگے؟

جواب: بالکل بھی نہیں۔ اس کا سبب یہ تھا کہ میرا سارا دھیان ایک ہی بات پر مرکوز رہا تھا۔ میں چاہتا تھا کہ شاٹ کے لیے میں جتنا بہتر کام کر سکتا ہوں، کر دکھاؤں۔ فوراً ایک ہی پل میں کمال حاصل کرنے کی خواہش میں نے کی ہی نہیں تھی۔ میں جو کام بھی ہاتھ میں لیتا ہوں، ساری توجہ اس کی نذر کرتا ہوں، چاہے وہ شاٹ دینے کا کام ہو یا خط لکھنے کا یا چند پونڈ فالتو وزن سے چھٹکارا پانے کا۔ جلد بازی مجھ پر کبھی سوار نہیں ہوتی۔ ہر کام میں مرحلہ وار کرتا ہوں۔ میں جانتا ہوں کہ کمال حاصل کرنے کے لیے ابھی کافی وقت ہے۔ ابھی تو ساری عمر پڑی ہے۔

سوال: شراب سگریٹ وغیرہ کا بھی کچھ شوق ہے یا نہیں؟

جواب: قطعی شوق نہیں۔ ان چیزوں سے میں ہمیشہ دور رہتا ہوں۔ پینے کے لیے میری حد صرف لسی ہے، جو مجھے پسند بھی ہے۔ ہمارے گھر میں سب سبزی خور ہیں۔ گوشت ہمارے یہاں نہ پکتا ہے، نہ کھایا جاتا ہے۔ تازہ سبزیوں اور پھلوں کے علاوہ ہمارے یہاں پنیر کا بھی ذخیرہ رہتا ہے۔ ہاں کبھی کبھی سادہ آٹے کی جگہ میدہ کی روٹی ضرور کھالیتا ہوں تاکہ پنجابی روایت کچھ تو باقی رہے۔

سوال: تو کیا تم کام کو خبط کی طرح ہر وقت حواس پر سوار رکھنے کے قائل ہو؟

جواب: جی نہیں۔ مجھے زیادہ کام کرنے کی بھلا کیا ضرورت ہے؟ جتنا عزیز مجھے کام ہے، اتنی ہی عزیز فرصت بھی ہے۔ فرصت کے وقت گھر پر رہنا اور گھر والوں کے ساتھ وقت گزارنا مجھے بہت اچھا لگتا

ہے۔ میرا خاندان میری ساری کائنات ہے۔

سوال: اچھا یہ بتاؤ، گھر سے باہر بھی کیا کسی سے تمہارا جذباتی لگاؤ ہے؟

جواب: اگر آپ کی مراد عشق بازی سے ہے تو یہ خانہ میرے یہاں نہیں ہے۔ میں کسی بھی ایسے لگاؤ کو پسند نہیں کرتا جس سے گھریلو زندگی پر برا اثر پڑے۔ مجھے کسی سے بھی لگنے لپٹنے کا کوئی شوق نہیں اور نہ میں یہ چاہتا ہوں کہ کوئی مجھ سے لگے لپٹے۔ مجھے یہی فکر رہتی ہے کہ کچھ لڑکیاں میرے دوستانہ رویہ کا کوئی دوسرا مطلب نہ نکال بیٹھیں اور مجھ سے زیادہ نزدیکی کی آس اپنے دل میں نہ جگالیں۔ مجھے اپنے اسی رویہ کی بدولت اپنی مرضی کے مطابق جینے کی زیادہ آزادی میسر آتی ہے۔ میں تو پارٹیوں یا رات گئے کی دعوتوں میں نہیں آتا جاتا۔ دس بجنے سے پہلے پہلے میں عام طور پر لوٹ آتا ہوں۔ اگر کسی پارٹی میں جانا ہی پڑے تو وہاں ایک وقت میں ایک ہی شخص سے بات چیت کرنا مجھے پسند ہے تاکہ دوسروں کی دخل اندازی اور غیر ضروری سوالوں کے بغیر اطمینان سے باتیں ہو سکیں۔

سوال: کیا ڈمپل کپاڈیہ سے بھی تمہارے کوئی خاص قسم کے تعلقات نہیں ہیں؟

جواب: میرا مزاج ہی ایسا ہے کہ سب لوگوں میں کوئی خوبی، کوئی اچھائی، کوئی دلکشی تلاش کر لیتا ہوں۔ ہر جگہ اور ہر شخص میں خوب صورتی کی جستجو میں رہنا میری عادت ہے۔ ڈمپل بلاشبہ بہت حسین ہے۔ لیکن اس تعریف سے کوئی اور معنی نکالنا سراسر زیادتی ہو گی۔

سوال: کبھی گھر کے کاموں میں بھی دلچسپی لیتے ہو؟

جواب: میں گھر کے صرف ایسے کام کرتا ہوں جو زیادہ مشکل ہوں اور جن میں زیادہ زور اور طاقت لگانے کی ضرورت ہو۔ باقی تمام گھریلو کاموں کی حد تک میرا خیال ہے کہ عورتیں ہی انہیں بہتر طور پر کر سکتی ہیں۔ پھر اب تو پہلے کے مقابلے میں گھریلو کام ان کے لیے زیادہ آسان بھی ہو گئے ہیں۔ گھریلو کاموں کے لیے اتنی بہت سی مشینیں اور آلے جو آ گئے ہیں۔

سوال: تم اتنے ڈسپلن کے پابند کیسے بن گئے؟

جواب: یہ سب ماں باپ۔۔ خاص طور سے میرے ڈیڈی کی تربیت کا فیض ہے۔ آج کل زیادہ تر ماں باپ اپنے بچوں کے ساتھ کچھ زیادہ ہی نرمی سے پیش آتے ہیں۔ مگر میرا معاملہ مختلف رہا۔ میں کبھی کوئی غلطی کر بیٹھتا تھا تو ڈیڈی ایسی ڈانٹ پلاتے تھے کہ میرے ہوش ٹھکانے آ جاتے تھے۔ ایک بار میں اسکول جانے کے بجائے سڑک کے چھوکروں کے ساتھ گولیاں کھیلتے ہوئے پکڑا گیا تو ڈیڈی نے سب کے سامنے ہی میری خوب پٹائی کر ڈالی۔ اس روز کی اور اس جیسے دوسرے بیسیوں مواقع کی سخت گیری بعد کی زندگی میں میرے بہت کام آئی۔ ڈسپلن کا جو سبق ذہن میں اس طرح بچپن میں نقش ہوا تھا، آج بھی میں اسے بھولا نہیں ہوں۔

سوال: کیا یہ صحیح ہے کہ تم بہت جلد بھڑک اٹھتے ہو؟

جواب: جی ہاں، مگر صرف اس وقت جب دوسرے غلطی پر ہوں۔ مثلاً ایک مرتبہ کچھ لوگ میرے ڈیڈی کا ذکر بڑے بیہودہ ڈھنگ سے کر رہے تھے، میں نے سنا تو مارے غصے کے میرا برا حال ہو گیا اور میں نے ان کی اچھی طرح مرمت کر ڈالی۔ ڈیڈی کے خلاف اگر کوئی شخص بکواس کرتا ہے تو میرا خون کھول اٹھتا ہے۔

سوال: کیا ابھی تک تمہارے غصے کا یہی حال ہے؟

جواب: نہیں، آج کل میں کسی حد تک صبر سے بھی کام لے سکتا ہوں۔ کچھ عرصہ پہلے میں نے اپنی امیج کچھ یاس انگیز بنا لی تھی۔ ان دنوں مجھے یہی پریشانی رہتی تھی کہ کسی طرح میری انا کو ٹھیس نہ لگے۔ اس نکتہ کو سمجھنے میں مجھے کافی دن لگے کہ میرا کیرئر میری انا کی صرف ایک جھلک ہے۔ ویسے آج بھی میں یہ دعویٰ نہیں کر سکتا کہ مجھے غصہ اب آتا ہی نہیں۔ بلکہ سچ تو یہ ہے کہ میں غصہ کو برا بھی نہیں سمجھتا۔ غصہ اچھی اور صحت مند اندرونی کیفیت کی علامت بھی ہو سکتا ہے۔ ایسی صورت میں غصہ، تخلیقی صلاحیت کے دبانے اور کچلے جانے یا اسے اظہار کی راہ نہ ملنے کے خلاف ہوتا ہے۔

اس طرح کے غصے کا مطلب یہ پوچھنا ہے کہ جواب دو، یہ ظلم کیوں ہو رہا ہے؟

سوال: اپنے ڈیڈی (دھرمیندر) کے بارے میں تمہاری کیا رائے ہے؟

جواب: وہ بہت حساس، درد مند، محبت کرنے والے اور چاہے جانے کے قابل انسان ہیں۔ وہ میرے باپ تو ہیں ہی، دوست بھی ہیں۔ ان کے اچھے اداکار ہونے میں تو شبہ کیا ہی نہیں جا سکتا۔ ان کے ساتھ کام کرنا مجھے سچ مچ بہت اچھا لگتا ہے۔

☆☆☆

ماخوذ: "شمع"، شمارہ: فروری ۱۹۸۸ء

انیل کپور (پیدائش: ۲۴؍ دسمبر ۱۹۵۶ء، بمبئی)

بالی ووڈ کے ایک نامور اور سدا بہار اداکار و کیرکٹر آرٹسٹ رہے ہیں۔ اپنے ابتدائی دور کی ایک یادگار اور مشہور فلم "مسٹر انڈیا (ریلیز: مئی ۱۹۸۷ء)" کی تیاری کے دوران فلمی نامہ نگار نے ان کا انٹرویو لیا تھا جس میں انہوں نے مختلف موضوعات پر اپنے نقطہ نظر سے واقف کرایا ہے۔ یہ انٹرویو رسالہ 'شمع' کے شمارہ جون ۱۹۸۷ء میں شائع ہوا تھا۔

انٹرویو : ۱۳

انیل کپور: آرٹ فلموں سے دوری بھلی

سوال: کبھی فرصت میں بیتے دنوں کا جائزہ لیتے ہوگے تو کیا یہ خیال تمہیں نہیں آتا ہوگا کہ کامیابی تمہارے ساتھ بار بار آنکھ مچولی کا کھیل کھیلتی رہی ہے؟

جواب: آپ ٹھیک کہتے ہیں۔ میرا حال کچھ ایسا ہی رہا ہے۔ شروع سے ہی ہٹ کے بعد فلاپ اور فلاپ کے بعد ہٹ فلمیں میرے نصیب میں آتی رہی ہیں۔ لیکن میرے خیال میں ہٹ اور فلاپ کی یہ دھوپ چھاؤں اچھی ہی ہے۔ اس کی وجہ سے میں اپنے آپ کو، اپنے مقام کو بچانے کے لیے ہر دم چوکس، چوکنا اور مستعد رہتا ہوں۔ یہ تو نہیں ہوتا کہ کسی ایک کامیابی کی چاندنی میں آرام سے بیٹھا رہوں۔ لیکن فلم "کرما" کے بعد خود کو نمایاں نہ کرنے کی اپنی پرانی عادت مجھے چھوڑنا پڑی ہے۔ میں کمر کس چکا ہوں اور اس سے بھی بہتر کارگزاری دکھانے کے لیے پوری طرح تیار ہوں۔

سوال: "کرما" میں تم نے اپنی لاابالی، آوارہ گرد امیج کو ہی پھر ابھارا ہے اور اس فلم میں تمہاری اداکاری اتنی عمدہ قرار دی گئی ہے جتنی اس سے پہلے کی تمہاری کسی فلم میں نہ تھی۔ خود تمہاری اس سلسلے میں کیا رائے ہے؟

جواب: میں اپنے منہ میاں مٹھو کیوں بنوں؟ میں تو صرف اتنا کہہ سکتا ہوں کہ اس فلم میں میری اداکاری ایسی ہے جسے عوام نے بھی سراہا اور پسند کیا ہے۔ جہاں تک میرے رول کا تعلق ہے، وہ خود ہی ایسا تھا کہ مجھے عوام کی پسند کا قدم قدم پر خیال رکھنا پڑا۔ بالکل اسی طرح جیسے میں نے "مشعل" میں ایک شورہ پشت دادا کے رول میں کیا تھا۔ وہی بے لگام زبان، وہی لاابالی انداز، وہی کسی کو بھی

خاطر میں نہ لانے کا رویہ۔ اب تو میں نے مانگ اور سپلائی کے اصول پر پوری طرح عمل کرنے کی ٹھان لی ہے۔ میں وہی مال پیش کروں گا جو میرے پرستار مجھ سے مانگتے ہیں۔

سوال: اس کا مطلب یہ ہوا کہ تم خود ہی اپنے آپ کو ٹائپ بنانے پر اور اپنی اداکاری کو ایک لاابالی آوارہ گرد کی امیج تک محدود رکھنے پر تلے ہوئے ہو؟

جواب: نہیں، میں نے ایسا کب کہا ہے؟ میرے کہنے کا مطلب تو یہ ہے کہ "کرما" کے بعد میں اس طرح کے رول کو صرف اپنی ذاتی فلم "مسٹر انڈیا" میں دہراؤں گا۔ دوسری فلموں میں اپنے پرستاروں کو خوش کرنے کے لیے میں کوئی اور امیج تراشوں گا۔ ٹائپ بننے اور کسی ایک امیج کا پابند رہنے کا میں قائل نہیں۔

سوال: لیکن ایک امیج کے پابند تو تم ہمیشہ رہتے ہو، میری مراد ہفتہ بھر تک شیو نہ کرنے کی امیج سے ہے۔

جواب: (مسکراتے ہوئے) جی ہاں۔ ابھی تک تو میرا یہی حال رہا ہے۔ انیل کپور کا کلین شیو کیا ہوا چہرہ لوگوں کو کم ہی دیکھنے کو ملا ہو گا۔ اوروں کی بات چھوڑیے، میری بیوی، میرے ماں باپ، میرے بھائی، سب کے سب میرے اس بدنما حلیے کے خلاف ہیں۔ وہ مجھے ٹوکتے ہیں، بڑبڑاتے ہیں، مگر مجھ پر اثر ہوتا ہی نہیں۔ لیکن اب میں نے فیصلہ کر لیا ہے کہ "مسٹر انڈیا" کے بعد اپنے چہرے کو اس جھاڑ جھنکاڑ سے پاک ہی رکھوں گا۔ بلکہ اس سلسلے میں شروعات میں نے کر بھی دی ہے۔ کیا لوگوں نے بوکاڈیہ صاحب کی فلم "پیار کیا ہے پیار کریں گے" میں انیل کپور کا 'چکنا چہرہ' نہیں دیکھا ہے؟

سوال: لیکن یہ "ڈاڑھی والی امیج" تم نے پیدا ہی کیوں کی تھی؟

جواب: اس میں میری کسی کوشش کو دخل نہ تھا۔ اس پورے شہر میں مجھ سے بڑھ کر کاہل کوئی نہ ہو گا۔ جب کبھی کوئی مجھے شیو کرنے کو کہتا، میں منہ لپیٹ کر جھٹ نیند کی گود میں پہنچ جاتا۔ آج بھی بیوی کو شیو کا سامان لیے لیے میرے پیچھے بھاگنا پڑتا ہے۔ لیکن جلد ہی یہ عیش ختم ہونے والے ہیں۔

میری سمجھ میں آ گیا ہے کہ اپنے حلیے کو کچھ تو بہتر اور قابل قبول بنانا ہی چاہیے۔

سوال: اپنے مقام کو محفوظ رکھنے کے لیے تم نے کوئی اور عہد بھی کیا ہے؟

جواب: دیکھیے، میرا مقام تو پہلے سے ہی محفوظ ہے۔ میر مطلب ہے، "کرما" کے بعد تو محفوظ ہی ہے۔ عہد کرتے رہنے سے یوں بھی کوئی فائدہ نہیں۔ کیونکہ یہ زندگی کے بدلتے ہوئے حالات میں اکثر ٹوٹتے رہتے ہیں۔ اس لیے اکثر میں نے کوئی عہد کیا ہے تو وہ صرف یہ ہے کہ اپنی ساری پروفیشنل ذمہ داریوں کو پہلے ہی کی طرح پوری لگن، نیک نیتی اور خلوص کے ساتھ پورا کرتا رہوں گا۔

سوال: اگر اپنی کامیابی پر ناز کرنا تمہیں اچھا لگتا ہے تو کیا اتنی ہی خوشدلی کے ساتھ تم اپنی ناکامیوں کو بھی قبول کر سکتے ہو؟

جواب: اس کے سوا میرے پاس --- یا کسی بھی اداکار کے پاس چارہ ہی کیا ہے؟ ناکامی میرے حوصلوں اور ولولوں کو کبھی پست نہیں کر سکتی۔ تھوڑے سے وقت کے لیے اداسی ضرور گھیر لیتی ہے۔ لیکن پھر بھی ناکامی کی وجہ تلاش کرنے میں اپنے ذہن کو مصروف کر لیتا ہوں۔ مثلاً سوچ بچار کے بعد مجھے احساس ہوا کہ "پیار کیا ہے پیار کریں گے" کی ناکامی کی وجہ ایک دہائی پرانی فرسودہ تھیم تھی جسے آج کے حالات کے مطابق بنانے کی زحمت بھی گوارا نہیں کی گئی تھی۔ "جانباز" میں میرے رول اور میرے کام کے بیچ میں ایک اعتبار سے "پہچان کا بحران" گڑبڑ مچا گیا تھا۔ پھر نشیلی دواؤں کے دھندے کی تھیم بھی اس سے پہلے بار بار دہرائی جا چکی تھی اور اس میں کوئی تازگی، کوئی نیاپن نہیں رہا تھا۔ لیکن یہ بہرحال میری اپنی رائے ہے، میکرز کا خیال اس سے مختلف ہو سکتا ہے۔ مجھے خوشی ہے تو اس بات کی کہ میں نے انہیں فلاپ فلمیں دیں، لیکن اس کے باوجود اپنی نئی فلموں میں انہوں نے مجھے دوبارہ موقع دیا۔

سوال: "جانباز" (ریلیز: ۱۹۸۶) کی ناکامی کا ایک سبب یہ بھی بیان کیا جاتا ہے کہ انیل ڈمپل کی

جوڑی بے میل تھی اور تماشائیوں کو پسند نہیں آئی۔ تمہارا کیا خیال ہے؟

جواب: یہ بات نہیں۔ کسی فلم کی کامیابی یا ناکامی کا دارومدار ہیرو ہیروئین کی جوڑی پر نہیں ہوا کرتا۔ کم از کم "جانباز" کے معاملے میں تو قطعی نہیں تھا۔ وہ دن کبھی کے رخصت ہوئے جب کوئی خاص جوڑی ہی دھوم مچا سکتی تھی۔ اب تو تماشائیوں کی توجہ کھینچنے کا ایک ہی راستہ ہے اور وہ یہ کہ سبجیکٹ عمدہ ہو اور فلم پیش کش کا انداز اچھا ہو۔ یہ درست ہے کہ ڈمپل میچیور ہیں لیکن ہماری جوڑی بے میل کسی طور نہ تھی، کم از کم وہ میری "اماں" تو نظر نہ آتی تھیں، جیسی میری پہلی فلم "رچنا" (ریلیز: ۱۹۸۳) میں بینا (پردیپ کمار کی بیٹی) لگتی تھیں۔

سوال: دو آرٹ فلموں "چمیلی کی شادی" (ریلیز: ۱۹۸۶) اور "کہاں کہاں سے گزر گئے" (ریلیز: ۱۹۸۶) کی ناکامی کے بعد تو تم اس سمت میں تیسری کوشش کے خیال سے ہی ڈرنے لگے ہوگے؟

جواب: کسی حد تک۔ "چمیلی کی شادی" کے بعد میں نے کسی بھی عام ڈگر سے ہٹی ہوئی فلم سے امیدیں وابستہ کرنا چھوڑ دیا ہے۔ کبھی کبھی یہ خیال بھی ذہن میں ابھرتا ہے کہ شاید آرٹ کی فضا کے لیے میں بنا ہی نہیں ہوں۔ مزید ستم یہ ہوا کہ "کہاں کہاں سے گزر گئے" سرے سے ریلیز ہی نہیں ہوئی، صرف پیشگی شوز کے تماشائی اس کے حصے میں آئے۔ اس لیے مجھے خود کو "ڈرپوک" کہلوانا منظور ہے مگر کسی اور آرٹ فلم میں کام کرنا قبول نہیں۔ کم از کم کچھ عرصے تک تو میں آرٹ فلم کے بارے میں سوچوں گا بھی نہیں۔

سوال: آوارہ گرد کی امیج سے الگ ہٹ کر تمہارے اندر کامیڈی کی صلاحیت بھی تو ہے۔ پھر تم پوری طرح کامیڈی کے میدان میں کیوں نہیں اترتے؟

جواب: میرا خیال ہے کہ اس میدان میں زیادہ کامیاب نہیں ہو سکوں گا۔ چند مناظر میں مسخرے جیسی کچھ حرکتیں کر لینا ہی میرے لیے کافی رہے گا۔ مکمل کامیڈی رول کے لیے میں زیادہ موزوں نہیں۔ آپ نے دیکھا ہی ہوگا، اس میدان میں میری پرخلوص کوشش کا "چمیلی کی شادی" میں کیا

حشر ہوا؟

سوال: ایک ذرا چبھتا ہوا سوال پوچھنے کی اجازت چاہتا ہوں۔ کیا اس احساس سے تمہیں دکھ نہیں ہوتا کہ تمہارا دوست، تمہارے ساتھ ہی فلموں میں آنے والا جیکی تو اسٹار بن بھی گیا ہے اور تمہارے لیے اپنے بہترین اداکار کے خول سے نکل کر اسٹار بننے کا مرحلہ ابھی باقی ہے؟

جواب: خوب! بھلا یہ کیا بات ہوئی؟ کیا آپ دو دوستوں کے درمیان دشمنی پیدا کرنا چاہتے ہیں؟ اگر آپ کا یہ ارادہ ہے تو اس میں آپ کو کامیابی نہیں ہوگی۔ ویسے ذاتی دوستی سے ہٹ کر میں پروفیشنل محاذ پر اپنے اور جیکی کے بارے میں نہایت بے لاگ ہو کر کچھ کہنا چاہتا ہوں۔ مجھے امید ہے جگو (جیکی شراف) برا نہیں مانے گا۔ ایک بات یہی ہے کہ پروفیشنل محاذ پر ہم دونوں برابری کی سطح پر ہیں۔ اگر مجھے اچھے اداکار کے طور پر جانا جاتا ہے تو اسے یہ درجہ حاصل نہیں۔ اور اگر وہ اسٹار کے طور پر مشہور ہے تو مجھے یہ رتبہ حاصل نہیں۔ لیکن میں پھر بھی اپنی جگہ اسے دینے اور اس کی جگہ خود لینے کو تیار نہ ہوں گا۔ ایک آرٹسٹ جو اپنے آپ کو ایک اچھا اداکار تسلیم کرا چکا ہے، کسی بھی وقت اسٹار بن سکتا ہے۔ لیکن ایک اسٹار کے لیے اچھا اداکار بننا اتنا سہل نہیں۔ "ہیرو" جیسی صرف ایک ہٹ فلم مجھے از خود اسٹار بنا سکتی ہے، لیکن جگو کو اچھے اداکار کے طور پر اپنی پہچان کرانے کے لیے اپنے کیریئر میں ایک سے زیادہ "کرما" یا "صاحب" یا "میری جنگ" کی ضرورت ہوگی۔ اس صورت حال پر میرے اداس ہونے کا خیر سوال ہی نہیں اٹھتا۔ آپ خود ہی سوچیے، اگر جیکی کی جگہ میرا بھائی سنجو ہوتا تو کیا مجھے جلن ہوتی؟ جیکی میرے لیے ایک اچھا دوست ہی نہیں، بہت اچھا بھائی بھی ہے۔

سوال: افواہیں، اسکینڈل، معاشقے، آج کسی کے ساتھ تو کل کسی اور کے ساتھ نام جوڑا جانا۔۔۔ ایسی باتوں کو تم شہرت کا ایک لازمی نتیجہ سمجھ کر نظر انداز کر دیتے ہو یا تمہارے خیال میں ان باتوں کی کوئی حد بھی ہونا چاہیے؟

جواب: میری رائے میں تو حد کا دھیان خود پریس کو رکھنا چاہیے۔ اس طرح کی گپ شپ ایک حد

تک تو قبول کی جا سکتی ہے۔ بلکہ تھوڑی سی مبالغہ آرائی کے ساتھ بھی قبول کی جا سکتی ہے۔ اگر لکھنے والے کی نیت نیک ہو اور متعلق شخص کو نقصان نہ پہنچے۔ مثال کے طور پر شادی سے پہلے اگر کسی کے ساتھ میرا نام جوڑا جاتا تھا تو مجھے اس کی زیادہ پروا نہیں ہوتی تھی۔ اس دھرتی پر کوئی بھی آدمی فرشتہ ہونے کا دعویٰ نہیں کر سکتا، اس لیے اگر مجھے بھی خطاؤں کا پتلا ثابت کرنے کی کوشش کی جاتی تھی تو میں پریشان کیوں ہوتا؟ لیکن شادی کے بعد ظاہر ہے کہ میں معاشقوں سے ہی نہیں، معاشقوں کی افواہوں سے بھی کوسوں دور رہنا پسند کروں گا۔

سوال: شاید کبھی کبھی جرنلسٹوں سے کوسوں دور رہنے کی بھی یہی وجہ ہے؟

جواب: لیجیے، آپ بھی وہی ستم کر بیٹھے۔ جرنلسٹوں کی یہی ادا مجھے اچھی نہیں لگتی کہ وہ بات کو توڑ موڑ کر پیش کرتے ہیں۔ کسی بات کا اگر غلط مطلب نکالا جائے تو کیا آدمی چپ رہنے کو ترجیح نہ دے گا؟ یوں بھی ایسے مرحلے ہر آرٹسٹ کی زندگی میں آتے ہیں جب اس کے پاس کہنے کو کچھ نہیں ہوتا، جب اس کا جی چاہتا ہے کہ تنگی کے دنوں میں اسے کوئی نہ چھیڑے اور اسے منظر عام پر گھسیٹ کر نہ لایا جائے۔ آپ ہی بتائیے کہ کیا اس کی یہ خواہش بے جا ہے؟ کاش قلم کے جادوگر بھی ہماری مزاجی کیفیت کے اتار چڑھاؤ کا تھوڑا بہت خیال رکھا کریں۔

سوال: جس طرح کچھ ماڈل فلم اسٹار بن جاتے ہیں، اسی طرح کچھ فلم اسٹار بھی ماڈلنگ کے میدان میں طبع آزمائی کر لیتے ہیں۔ پھر آپ اشتہاروں میں کیوں نظر نہیں آتے؟

جواب: اس سلسلے میں کیا کہوں؟ مجھے نہ ماڈلنگ کے حق میں دلیلیں سوجھتی ہیں، نہ اس کی مخالفت میں۔ پھر یہ بھی ہے کہ ماڈلنگ کے لیے جو آفرز آئیں وہ نہ مالی اعتبار سے زیادہ سودمند تھیں نہ کسی اور پہلو سے۔ اور خواہ مخواہ دوسروں کے فائدے کے لیے کھلونا بننا مجھے پسند نہیں۔ صرف میری شہرت کو بیچ کر روپیہ بٹورنے والوں کے ہاتھوں میں بدھو کیوں بنوں؟ اس لیے فی الحال تو اشتہاری ماڈلنگ کے باب میں مجھے شک کا شکار ہی سمجھیے۔ ان اِدھر نہ اُدھر۔

سوال: اگر میں یہ کہوں کہ فلم میکرز کی نظر میں تمہارے اندر اسٹار بننے کے سارے لوازم موجود نہیں ہیں، تو کیا تمہیں برا لگے گا؟

جواب: کیوں بھئی؟ آپ سب لوگوں کی مجھ سے کیا کوئی دشمنی ہے؟ مجھے صاف صاف بتائیے تو سہی کہ مجھ میں آخر کون سی کمی ہے؟ اگر میرے اسٹار بننے کی راہ میں کوئی رکاوٹ ہے تو صرف یہ کہ ابھی تک اکیلے ہیرو کے طور پر میرے حصے میں کوئی سوپر ہٹ فلم نہیں آئی ہے۔ بس ایسی ایک سپر ہٹ فلم آجائے، پھر دیکھیے گا، یہی لوگ مجھے بھی سپر اسٹار کہنے سے باز نہیں آئیں گے۔

سوال: تو اپنی آنے والی فلموں میں سے کون سی فلم کے ذریعہ تم اسٹار بننے کی امید لگائے بیٹھے ہو؟

جواب: کئی فلمیں اس امکان کو حقیقت بنا سکتی ہیں۔ مثلاً ایک تو "مسٹر انڈیا" ہی ہے۔ اس کے علاوہ "جوشیلے" ہے، "ابھیمنیو" ہے، "امبا" ہے، "رام اوتار" ہے۔ اور بھی کئی فلمیں ہیں جو مجھے اسٹار کا درجہ دلا سکتی ہیں۔ صرف ایک فلم کے دھوم مچانے سے اسٹار کے طور پر میری بھی دھوم مچ جائے گی!!

☆☆☆

ماخوذ: 'شمع'، شمارہ: جون ۱۹۸۷ء

عامر خاں (پیدائش: ۱۴؍ مارچ ۱۹۶۵ء، بمبئی)

بالی ووڈ فلمی دنیا کے مسٹر پرفیکشنسٹ [Mr. Perfectionist] نے اپنی پہلی فلم 'قیامت سے قیامت تک' (ریلیز: اپریل ۱۹۸۸ء) کے ذریعے اپنی منفرد شناخت قائم کرنے کے بعد بیسویں صدی کی نویں دہائی میں چار سپر ہٹ فلمیں رنگیلا (۱۹۹۵)، راجہ ہندوستانی (۱۹۹۶)، عشق (۱۹۹۷) اور غلام (۱۹۹۸) جب ناظرین کی نذر کیں تو ایک انٹرویو کے ذریعے اپنے خیالات و نظریات سے بھی واقف کرایا، جو رسالہ 'شمع' کے ایک شمارہ میں اشاعت پذیر ہوا تھا۔

انٹرویو : ۱۴
عامر خاں: ایوارڈ کی دوڑ سے دور اپنے فن میں مشغول

سوال: آپ نے اب تک کیا حاصل کیا ہے؟

جواب: میں سمجھتا ہوں اپنے کیرئیر میں، اپنے چاہنے والوں اور ناظرین سے میں نے پیار اور عزت حاصل کی ہے، جس سے میں خوش ہوں اور جس پر فخر کر سکتا ہوں۔

سوال: آپ کی منزل کیا ہے؟ کیا حاصل کرنے کا ارادہ ہے؟

جواب: بس اچھا کام کروں، لوگوں کے دلوں میں میرے لیے پیار و عزت قائم رہے۔ میں اچھے سے اچھا کام کرتا رہوں، یہی میری منزل ہے۔

سوال: اداکاری میں آپ کس چیز کو زیادہ پسند کرتے ہیں؟

جواب: اس پیشے کی خاص بات جو مجھے پسند ہے وہ یہ کہ ہر روز مجھے اک نئی چیز جاننے اور کرنے کے لئے ملتی ہے۔ یہ انسانوں کے ساتھ جڑی چیز ہے۔ میں کسی نہ کسی کردار کے جذبات کا اظہار کرتا ہوں، میں کسی سچویشن کو زندگی دیتا ہوں، زندگی کے متعلق سیکھنے اور زندگی جینے کے لئے ملتی ہے۔ آپ کئی طرح کے جذبات سے گزرتے ہیں۔ یہ ایک سیکھنے والا پیشہ ہے جہاں ہر لمحہ آپ کچھ نہ کچھ سیکھتے ہیں۔ بحیثیت فن کار اور ایک حساس انسان کے، میں ہر چیز کو انسانی جذبے کے تحت دیکھتا ہوں۔ مجھے علم ہے کہ شاید کبھی مجھے یہ چیز پر دے پر کرنی ہو گی (ہنستے ہوئے)۔ اداکاری آپ کو انسان اور انسانیت کے متعلق زیادہ سوچنے پر مجبور کرتی ہے اور انسانیت کا درس دیتی ہے۔ اچھائی کیا ہے؟ برائی کیا ہے؟ مختلف ماحول اور حالات میں انسان کا رویہ کیا اور کیسا ہوتا ہے؟

کیوں ایک انسان جس کے پاس سب کچھ ہے وہ اور پانا چاہتا ہے (لالچ اور ہوس)؟ کیوں ایک انسان جس کے پاس کچھ بھی نہیں ہے پھر بھی دوسروں کو بانٹنے، کچھ دینے کا جذبہ رکھتا ہے؟ ان حقائق کا ہم مطالعہ کرتے ہیں، مشاہدہ کرتے ہیں۔ کیوں کبھی اچھے سے اچھا انسان غلط کام کرتا ہے؟ کیوں کبھی برا انسان برے ماحول میں رہ کر بھی اچھا کام کر جاتا ہے؟ جو انسانی فطرت ہے وہ جانے کب کیا کر جائے، میرے لئے یہ سب باتیں بڑی دلچسپی رکھتی ہیں۔

سوال: اداکاری میں کیا مشکلات پیش آتی ہیں؟

جواب: جہاں تک اداکاری میں مشکلات کی بات ہے، میں سمجھتا ہوں اداکاری کی طرح ہر پیشے میں کچھ نہ کچھ تکلیفیں اور مشکلات ہوتی ہیں۔ مجھے تو اداکاری میں ہر چیز مشکل لگتی ہے (مسکراتے ہوئے)۔ میں اداکاری کو کبھی آسان سمجھتا ہی نہیں ہوں۔ ایک اموشن ایک کردار کو سچائی کے ساتھ پردے پر لانا سب سے مشکل کام ہے۔ جب میں شاٹ دے رہا ہوں، اس لمحے میری کوشش یہ ہوتی ہے کہ اتنا کھویا رہوں گویا میں ہی وہ کردار ہوں اور اس کردار پر جو گزر رہی ہے وہ مجھ پر گزر رہی ہے۔ لیکن اتنا بھی نہیں کھو جاؤں کہ اپنے مکالمے بھول جاؤں (مسکراتے ہوئے)، ہدایت کار کی ہدایت (انسٹرکشن) بھول جاؤں یا کیمرہ مین کی بات بھول جاؤں کہ مجھے اس لائٹ سے گزرنا ہے جہاں نشان لگا ہے، وہیں تک چل کر جانا ہے نہیں تو فوکس آؤٹ ہو جائے گا۔ ایک سیمی-کانشیس [semi-conscious] اسٹیج پر پہنچ کر شاٹ دوں تاکہ اموشن کی سچائی جو ہے وہ باہر آئے۔ یہ میری کوشش ہوتی ہے، ہر دفعہ میں اس کوشش میں کامیاب نہیں ہوتا۔

میری کوشش یہی ہوتی ہے کہ ہر اموشن (جذبہ) کو محسوس کر کے کروں، کبھی کبھی کامیاب ہوتا ہوں کبھی نہیں ہوتا ہوں۔ لیکن سچائی سے شاٹ دینا سب سے مشکل کام ہے۔

سوال: ایک فن کار کی سماج کے تئیں کوئی ذمہ داری بھی ہوتی ہے، اپنے اسٹارڈم کا فائدہ اٹھاتے ہوئے کیا آپ بھی سماجی خدمات میں حصہ لیتے ہیں؟

جواب: پہلے آپ کے سوال کو درست کر دوں۔ صرف ایک فنکار کی نہیں، ہر شہری کی ذمہ داری ہوتی ہے۔ میں اپنی فلموں کے ذریعے کوشش کرتا ہوں کہ جن فلموں میں میں کام کروں وہ فلمیں سماجی طور پر غلط نہ ہوں۔ جیسے ویلین فلم میں برا کام کرتا ہے اس کا انجام حقیقت پر ہو، یعنی انجام برا ہی ہو۔ فلم کا سبق صحیح ہو۔ جیسے "غلام" فلم میں سدھارتھ مراٹھے کا میرا جو کردار ہے وہ سڑک چھاپ اوباش لڑکا ہے جو آج کا گم کردہ راہ نوجوان ہے (مس گائڈیڈ یوتھ - misguided youth) جسے غلط راستے پر ڈالا گیا ہے۔ فلم کا انجام یہ ہے کہ کس طرح کا لڑکا سدھر کر راہ راست پر آتا ہے۔ جو شاید دس پندرہ سال بعد خود رونق سنگھ بن جاتا، وہ سچائی سے لڑتا ہے۔ اپنے آپ سے لڑتا ہے اپنے ضمیر سے لڑتا ہے کہ کیا صحیح ہے کیا غلط ہے؟ پر جب اسے اپنی غلطیوں کا احساس ہوتا ہے تب وہ صحیح راستے کا انتخاب کرتا ہے۔ اس طرح سے میں کوشش کرتا ہوں کہ اپنی فلموں کے ذریعے صحیح پیغام دوں، کوئی غلط بات نہ کہوں۔

اس کے علاوہ کئی سماجی تنظیموں کی اعانت کرتا ہوں، اس کے متعلق بتا کر اپنا ثواب ضائع نہیں کرنا چاہتا، ویسے اس کا ذکر کرنا ہی نہیں چاہئے۔

اس کے علاوہ جب بھی کوئی سماجی مسئلے کو لے کر میرے پاس آتا ہے میں انہیں بھرپور تعاون دیتا ہوں۔ ابھی حال میں شہر پونا میں ایک جلسہ ہوا تھا جس میں مہاراشٹر میں گزشتہ دس سالوں میں عورتوں پر خاص کر چودہ پندرہ سال کی کم عمر لڑکیوں کے ساتھ جو ظلم و زیادتی ہو رہی ہے، جیسے لڑکے پیار کی آڑ میں انہیں اپنی ہوس کا شکار بنانا چاہتے ہیں۔ ناکامی کی صورت میں کبھی ان کا چہرہ ایسڈ سے بگاڑ دیتے ہیں، کبھی چھری چاقو مار دیتے ہیں، کبھی عزت لوٹ کر خون کر دیتے ہیں اور انہیں جلانا تو عام بات ہو گئی ہے۔ پونا سے کچھ سماجی کارکن میرے پاس آئے تھے کہ ہم اس حساس موضوع پر ایک جلسہ عام منعقد کر رہے ہیں جہاں آپ کو آکر نسل نو کو اپنے انداز میں سمجھانا ہے۔ میں وہاں گیا تھا، اور میں نے اس جلسے سے خطاب کیا۔ اس جلسے سے امرتا دیش پانڈے کی بہن نے بھی خطاب کیا۔ امرتا کا گذشتہ دنوں بڑی بے دردی سے قتل کر دیا گیا تھا۔ اس قسم کے سماجی ایشوز پر بات کرنا،

ان کی اعانت کرنا، انہیں میں اپنا اخلاقی فریضہ سمجھتے ہوئے ادا کرتا ہوں۔

سوال: اب تک کوئی ایسا کردار کیا آپ نے نبھایا جو عامر خاں کی ذاتی زندگی کے بہت قریب رہا ہو؟

جواب: میری ذاتی زندگی کے قریب شاید (سوچتے ہوئے) نہیں۔ ابھی تک میں نے ایسا کوئی کردار نہیں نبھایا۔ ہاں میں یہ کہہ سکتا ہوں کہ ہر کردار میں آپ کو عامر خاں کی تھوڑی جھلک ضرور ملے گی۔ لیکن کوئی ایک کردار میں نے ایسا نہیں نبھایا جس میں میری ذاتی زندگی کی جھلک نظر آئے۔

سوال: آئینہ دیکھتے وقت آپ کیا چیز تلاش کرتے ہیں؟

جواب: (زور سے قہقہہ لگاتے ہوئے) آئینہ دن میں اتنی بار دیکھتا ہوں کہ کوفت ہونے لگتی ہے۔ شوٹنگ کے دوران شاٹ سے پہلے تو ہم آئینہ دیکھتے ہی ہیں۔ جبکہ ذاتی زندگی میں میں آئینہ بہت کم دیکھتا ہوں۔ چونکہ میں خود کو بہت سچائی سے دیکھنے کی کوشش کرتا ہوں، مجھے کسی طرح کی کوئی غلط فہمی نہیں ہے۔ اس لیے مجھے آئینہ دیکھنے کی ضرورت نہیں ہے کہ اس میں دیکھ کر سوال کروں۔

سوال: بطور فنکار آپ کا خوف یا غیر محفوظ ہونے کا احساس، کیا کبھی آپ کو پریشان کرتا ہے؟

جواب: بحیثیت ایک تخلیقی اداکار کے، میرا سب سے بڑا ڈر اور خوف یہ ہے کہ ایک دن میری کریٹی ویٹی [creativity] ختم ہو جائے گی۔ اس لیے کہ یہ تخلیق یا انسان کی تخلیقی صلاحیت ایک وقت پر آ کر کمزور پڑ جاتی ہے اور پھر ختم ہو جاتی ہے۔ آپ تاریخ اٹھا کر دیکھ لیجیے۔ چاہے وہ مصنف ہو، مصور ہو یا سنگتراش ہو، ہدایتکار ہو، فنکار ہو۔۔۔ میں شہرت [popularity] کی بات نہیں کر رہا ہوں، ہر تخلیقی صلاحیت رکھنے والے کی اپنی زندگی ہوتی ہے۔ ایک وقت کے بعد وہ مفقود ہو جاتی ہے، وہ صلاحیتوں کی آگ بجھ جاتی ہے، بس اسی کا ڈر ہے۔ میں جانتا ہوں کہ ایک دن ضرور آئے گا اور یہ فطرت کا اصول ہے۔ جس طرح بچہ پیدا ہوتا ہے، جوانی میں اپنے اندر کمال کو جذب کر کے شباب پر ہوتا ہے لیکن اس پر بڑھاپا آ جاتا ہے، ایسے ہی یہ سائیکل ہے۔ پہلے آپ میں تخلیقی صلاحیت جاگتی ہے، آپ جوان ہوتے ہیں، جب آپ منجھ کر بہت کمال سے اپنے اندر جذب کر کے وہ چیز پیش

کرتے ہیں اور پھر آپ پر بڑھاپا آنے لگتا ہے، جب آپ کی یہ صلاحیتیں کم ہونے لگتی ہیں۔

سوال: ناصر حسین کی کون کون سی فلمیں آپ کو پسند ہیں؟

جواب: مجھے ان کی سبھی فلمیں پسند ہیں۔
تم سا نہیں دیکھا، دل دے کے دیکھو، جب پیار کسی سے ہوتا ہے، پھر وہی دل لایا ہوں، پیار کا موسم، بہاروں کے سپنے، یادوں کی بارات، ہم کسی سے کم نہیں۔
اس کے علاوہ ایک فلم جس کی انہوں نے کہانی لکھی، منظر نامہ اور مکالمے لکھے تھے، وہ بھی بہت پسند ہے، یعنی: تیسری منزل۔

سوال: طاہر حسین کی کن فلموں نے آپ کو متاثر کیا؟

جواب: اباجان کی فلمیں کارواں، زخمی، خون کی پکار، ہم ہیں راہی پیار کے، دولہا بکتا ہے۔۔۔ مجھے پسند ہیں۔

سوال: ایوارڈ سے بر ہمی کی وجہ کیا ہے؟

جواب: ہندوستان کے کسی بھی ایوارڈ کی میرے نزدیک کوئی اہمیت نہیں ہے اور میرے خیال سے بے شمار لوگ متفق ہوں گے۔ ناظرین میرے کام کو پسند کریں، میری فلمیں پسند کریں، یہی میرا سب سے بڑا ایوارڈ ہو گا۔ اس لیے کہ ہر فلم کے ساتھ ہم ایک نئے امتحان میں بیٹھتے ہیں۔ میں اپنی فلمیں ناظرین کے درمیان دیکھ کر ان کا ردعمل جاننے کی کوشش کرتا ہوں۔

☆ ☆ ☆

ماخوذ: 'شمع'، شمارہ: اپریل ۱۹۹۹ء

شاہ رخ خاں (پیدائش: ۲ر نومبر ۱۹۶۵ء، نئی دہلی)

بالی ووڈ فلمی صنعت کے ایسے منفرد سپر اسٹار ہیں جو اپنے فن کے ذریعے تقریباً تین دہائیوں سے لاکھوں فلمی شائقین کے دلوں کی دھڑکن بنے رہے ہیں۔ شاہ رخ خان کا تعلق بھی دلیپ کمار اور راج کپور کی طرح پشاور سے رہا۔ ان کے والد تاج محمد جنگ آزادی کے مجاہد تھے۔ شاہ رخ خاں کا بچپن اور جوانی کا ابتدائی دور نئی دہلی میں بسر ہوا۔ اکنامکس کے طالب علم تھے اور جامعہ ملیہ اسلامیہ کے ماس کمیونکیشن سے انھوں نے ماسٹر ڈگری حاصل کی تھی۔ ان کا رجحان طالب علمی سے ہی فنون لطیفہ کی جانب تھا۔ اسکول اور کالج کے اسٹیج پر پرفارم کرتے تھے۔ اپنی شادی سے قبل انھوں نے ٹی وی سیریلس سے اپنی اداکارانہ صلاحیتوں کا آغاز کیا تھا۔ اپنی پہلی فلم "دیوانہ" (ریلیز: جون-۱۹۹۲) میں معاون اداکار کے ذریعے جب انہوں نے بالی ووڈ کے پردۂ سیمیں پر اپنا کیریئر شروع کیا تو اسی فلم سے بہترین نئے مرد اداکار کا فلم فیئر ایوارڈ بھی حاصل کیا۔ بازیگر اور ڈر جیسی فلموں میں منفی اداکاری کر کے شہرت حاصل کرنے والے کنگ خاں اب تک تقریباً سو(۱۰۰) فلموں میں اداکاری کے جوہر دکھا چکے ہیں۔ رسالہ "شمع" کے شمارہ نومبر-۱۹۹۹ میں ان کا ایک انٹرویو شائع ہوا تھا جس میں انہوں نے فلمی دنیا سے اپنے تعلق اور اپنی فلمی زندگی کے نقطہ نظر سے واقف کرایا ہے۔

انٹرویو : ۱۵

شاہ رخ خاں: ہم اداکار نہیں بازار ہیں

سوال: آپ کی فلم "بادشاہ" کوئی خاص کامیابی حاصل نہیں کر سکی۔ زیادہ تر ناظرین کا خیال ہے کہ آپ اس فلم کی طرح کی کامیڈی کے لیے موزوں نہیں ہیں، آپ کا کیا خیال ہے؟

جواب: میرا خیال یہی ہے کہ میں ایک اداکار کی حیثیت سے ہر طرح کے رول کروں۔ مجھے اسٹریوٹائپ ہونے سے بچنا ہے تو ایسا کرنا ہی پڑے گا۔ فلم "بادشاہ" کرنے کی وجہ بھی یہی تھی۔ میں شروع سے ہی اس معاملے میں سنجیدہ ہوں اور آپ بھی دیکھ رہے ہوں گے کہ میں ہمیشہ کچھ نہ کچھ الگ کرتا رہتا ہوں۔ اگر ایسا نہ کرتا تو "بازیگر" اور "ڈر" کے بعد نیگیٹیو ہیرو بن کر رہ گیا ہوتا۔

ہالی ووڈ میں کیا ہوتا ہے؟ وہاں کوئی بھی ہیرو 'ٹائپڈ' اسی لیے نہیں ہوتا۔ اگر میں پوری ایمانداری سے کہوں تو ہم فنکار نہیں بازار ہیں۔ فلمساز اور ہدایتکار ہمیں ہماری اداکاری کے بل بوتے پر نہیں لیتے بلکہ بازار میں مانگ کے مطابق لیتے ہیں، اداکاری سے ہی ہماری سیل ویلیو پر سوچا جاتا ہے۔ اس لیے ہم اداکاروں کو بھی بازار کے رخ پر چلنا پڑتا ہے۔ امیتابھ بچن کو بھی یوں تو "اینگری ینگ مین" اور "ایکشن اسٹار" کہا گیا لیکن آپ غور سے دیکھیں تو انہوں نے ہر طرح کی فلمیں کی ہیں۔ ایکشن کے ساتھ کامیڈی بھی کی۔ ایموشنل رول بھی کیے اور ڈرامائی رول بھی۔ اس لیے امیتابھ ایک لمبے عرصے تک ٹکے رہے اور آج بھی کام کر رہے ہیں۔ میں بھی ایسا ہی کرنا چاہتا ہوں۔

سوال: یعنی کیا تم امیتابھ بچن بننا چاہتے ہو؟

جواب: چاہنے سے کچھ نہیں ہوتا۔ ہر کوئی امیتابھ بچن نہیں بن سکتا۔ اس کے ساتھ بہت ساری چیزیں ہونی چاہیے، جو میرے پاس بھی نہیں ہیں۔ کیا آپ یقین کر سکتے ہیں کہ میرے کتنے ہی پرستار

ہیں جو میری اداکاری کو بالکل پسند نہیں کرتے۔ لیکن امیتابھ بچن کے بارے میں یہ نہیں کہا جا سکتا۔ ایک بھی پرستار نہیں ملے گا جو یہ کہہ سکے کہ اسے امیتابھ کی ایکٹنگ پسند نہیں۔ امیتابھ بننا آسان نہیں۔ ایسا لیجنڈ [Legend] کبھی کبھار ہی کوئی بن پاتا ہے۔

سوال: نئی نسل کا ہر اداکار یا تو امیتابھ کو اپنا پسندیدہ مانتا ہے یا آئیڈیل، ساتھ ہی ہر اداکار اس یکتا اداکار کے ساتھ کام بھی کرنا چاہتا ہے۔ کیا آپ کے اندر بھی یہ چاہت ہے؟

جواب: میں بھی اسکول کے زمانے سے امیتابھ کا پرستار ہوں۔ میرے دوست واحباب اسکول و کالج میں مجھ سے امیتابھ کی ممیکری بھی کرایا کرتے تھے۔ امیتابھ کے فلموں کے ڈائیلاگ بلواتے اور ڈانس کراتے تھے۔ فلموں میں ایکٹر بننے اور کامیاب ہونے کے بعد میں نے یہ کبھی نہیں سوچا کہ میں امیتابھ کے ساتھ کام کروں، لیکن اب یش چوپڑہ کی "محبتیں" میں ان کے ساتھ کام کر رہا ہوں۔ یہ ایک باپ اور بیٹے کی کہانی ہے اور امیتابھ میرے باپ کا رول کر رہے ہیں۔ میرے لیے امیتابھ بچن کے ساتھ کام کرنا ایک دلچسپ تجربہ ہے۔ کل تک جس اداکار کی فلمیں دیکھ کر میں متاثر ہوتا تھا آج اسی کے ساتھ کام کرنا کوئی معمولی بات نہیں ہے۔

سوال: آپ کامیاب اداکار تو بن گئے ہیں لیکن غیر معمولی فنکار نہیں بن سکے ہیں؟

جواب: غیر معمولی بننا بھی کوئی معمولی کام نہیں ہے۔ میرے لیے پہلی چیز تھی کامیابی۔ جب مجھے یہ مل گئی تب میں نے کچھ الگ کرنے کی کوشش کی اور آج بھی کر رہا ہوں۔ "بازیگر" اور "ڈر" میں نیگیٹیو رول کرنا بھی ایک الگ کوشش ہی تھی۔

ان فلموں کی کامیابی کے بعد ساری انڈسٹری مجھے دوسرا "اینگری ینگ مین" بنانا چاہتی تھی۔ مجھے نیگیٹیو رولز بھی آفر ہو رہے تھے، لیکن میں نے ایک بھی نیگیٹیو رول اس وقت نہیں لیا۔ اس کے برعکس میں نے جو فلمیں اس وقت کیں ان میں "کبھی ہاں کبھی ناں"، "دل والے دلہنیا لے جائیں گے" جیسی فلمیں لیں جو 'ڈر' اور 'بازیگر' سے ایکدم الگ تھیں۔ میں غیر معمولی نہیں تو کچھ الگ کرنے کی کوشش شروع سے ہی کرتا آرہا ہوں۔ راکیش روشن کی "کوئلہ" میں بھی کلائمکس میں میں نے پہلی بار ایسی ہی کوشش کی تھی۔ مجھ سے پہلے کسی نے بھی ایسا کرنے کی ہمت نہیں کی تھی۔ میں نے

اپنے پورے جسم میں آگ لگا لی تھی اور آگ کی لپٹوں میں جلتے ہوئے ٹرین کے ساتھ ساتھ دوڑا تھا۔ میرے لیے یہ ایک بہت ہی جوکھم بھرا کام تھا لیکن سچ مچ ہی یہ کچھ نیا کچھ الگ کرنے کی کوشش تھی۔

سوال: لیکن فلم 'کوئلہ' باکس آفس پر ناکام رہی تو پھر شاید آپ کا یہ نیا تجربہ بھی بے کار گیا؟

جواب: جب بھی آپ کچھ نیا کرتے ہیں تو آپ کو دونوں طرح کے نتائج کے لیے تیار رہنا پڑتا ہے۔ اچھا یا برا، کچھ بھی ہو سکتا ہے۔ 'کوئلہ' میں بھی ایسا ہی تھا۔ فلم چاہے زیادہ کامیاب نہ رہی ہو لیکن میں مطمئن ضرور ہوا۔ ایک اداکار چاہے وہ کتنا ہی بکاؤ اور بازاری کیوں نہ بن جائے لیکن اس کا مطمئن ہونا ضروری ہے۔ ایک فنکار کتنا ہی پیسہ کیوں نہ کمائے لیکن اگر وہ اپنے کام سے خوش اور مطمئن نہیں ہے تو یہ اسے آگے نہیں بڑھنے دے گا۔ کیریئر کے شروع میں پیسہ بہت ضروری ہوتا ہے لیکن آگے چل کر پیسے سے کہیں زیادہ صبر اور اطمینان ضروری ہو جاتا ہے۔

سوال: نومبر ۱۹۹۷ء میں پہلی بار باپ بن کر تمہیں کیا تجربہ حاصل ہوا؟

جواب: جب مجھے خبر ملی کہ میں باپ بن گیا ہوں تو ایکدم مجھے کچھ سمجھ میں نہیں آیا۔ لیکن جب میں نے اپنے بیٹے کو دیکھا تب مجھے احساس ہوا کہ باپ بننا کیا ہوتا ہے؟ اس سے بھی زیادہ احساس جب ہوا جب میں نے اسے گود میں لیا۔ یہ سچ مچ دنیا کا ایک الگ اور انوکھا احساس تھا، اسے بیان کرنا آسان نہیں ہے۔

سوال: آپ ابھی اداکار کے ذہنی اطمینان کی بات کر رہے تھے لیکن آپ کے بارے میں تازہ خبروں کے مطابق، پتا چلا ہے کہ آپ کے لیے اب پیسہ ہی سب کچھ ہو گیا ہے۔ نئی فلم میں کام کرنے کا معاوضہ اب آپ ایک کروڑ مانگنے لگے ہیں۔

جواب: آپ کو ایک بات بتاتا ہوں۔ فلم کاروبار میں مانگنے سے کسی اداکار کو کچھ نہیں ملتا۔ یہ تو اس بات پر منحصر کرتا ہے کہ آپ کتنے بکاؤ ہیں؟ کتنے کامیاب ہیں؟ بازار میں آپ کی قیمت کتنی لگائی گئی ہے؟ جیسا کہ میں نے ابھی آپ سے کہا تھا کہ ہم فنکار نہیں بازار ہیں۔ اسی بازار سے فنکار کی قیمت طے کی جاتی ہے۔ یونہی کروڑ روپے مانگنے سے کوئی نہیں دے گا۔ یہ دوسرا سچ ہے کہ ہر فلمساز کروڑ

روپے نہیں دیتا۔ ایک فنکار کو یہ بھی دیکھنا پڑتا ہے کہ وہ کس میکر کے ساتھ کام کر رہا ہے؟ میکر اگر یش چوپڑہ ہے یا منی رتنم ہے تو فنکار کے لیے پرائس بعد کی چیز ہو جاتی ہے۔ پہلی ترجیح یہ ہوتی ہے کہ فنکار کا رول کیا ہے؟ پروجیکٹ کیا ہے اور فلم کس طرح کی ہو سکتی ہے؟

میں نے اپنے کیریئر کے شروع میں کوئی فلم کچھ ہزار روپے میں کی تو کوئی فلم کئی لاکھ میں۔ مثال کے طور پر "دیوانہ" میں نے پانچ لاکھ میں سائن کی تھی، اس میں بھی ایک لاکھ مجھے سو دن پورے ہونے پر ملنے والے تھے۔ دوسری طرف "راجو بن گیا جنٹلمین" صرف پچیس ہزار میں کی تھی۔ اس لیے یہ بات بالکل صاف ہے کہ فنکار کی پرائس ہر فلمساز کے ساتھ الگ الگ ہوتی ہے۔ جہاں تک میرا سوال ہے میرے لیے پیسہ سب کچھ نہیں رہا۔ میں کیا لے کر آیا تھا؟ میں نے تو اتنا سب ملنے کے بارے میں سوچا بھی نہیں تھا جتنا مجھے مل گیا ہے۔ اس لیے میں نے ابھی تک اپنے کسی بھی فلمساز سے ایک کروڑ روپیہ نہیں مانگا ہے اور نہ ہی کسی نے دیا ہے۔ میں نے پچھلے چار سال سے (۱۹۹۵ء سے) اپنی پرائس کچھ لاکھ روپیوں تک محدود رکھی ہے۔ میں اپنے فلمسازوں سے آج بھی یہی پرائس لیتا ہوں، اگر چاہوں تو زیادہ بھی لے سکتا ہوں، لیکن میں نہیں لیتا، یہ میرا اپنا کاروباری نظریہ ہے۔

سوال: تمہارے آپے سے باہر ہونے کی اور لوگوں سے جھگڑا کرنے کی خبریں اکثر سننے میں آتی تھیں، لیکن اب کافی عرصے سے ایسی کوئی منفی خبر نہیں مل رہی۔۔؟

جواب: اس کا سہرا میری بیوی کے سر ہے۔ اس نے ہی مجھے یہ احساس دلایا کہ کچھ لوگ میرے غصے کو اس لیے برداشت کر لیتے ہیں کیونکہ میں اسٹار ہوں۔ تب میں نے اپنے ضمیر کو ٹٹولا اور یہ جانا کہ میں سچ مچ اپنے اسٹار ہونے کا ناجائز فائدہ اٹھا رہا تھا۔ بس میں نے اپنے آپ کو قابو کرنا سیکھ لیا۔ لیکن آج بھی میں غلط بات برداشت نہیں کر سکتا، غلط آدمی کے لیے میں آج بھی خطرناک ہوں۔

☆☆☆

ماخوذ: 'شمع'، شمارہ: نومبر ۱۹۹۹ء

مکرم نیاز کی تین کتابیں

فلمی دنیا: قلمی جائزہ

(تبصرے / تجزیے)

راستے خاموش ہیں

(منتخب افسانے)

حیدرآباد دکن

کچھ یادیں، کچھ جھلکیاں

بین الاقوامی ایڈیشن درج ذیل معروف بک اسٹورس پر دستیاب ہیں

Amazon.com

Walmart

Barnes & Noble

مکرم نیاز

کی مرتب کردہ کتاب

گفتگو بند نہ ہو

(ادبی انٹرویوز)

جلد منظر عام پر آرہی ہے